JN217567

田中 聡
Tanaka Satoshi

中原 淳
Nakahara Jun

「事業を創る人」の大研究

黒字達成！

人を育て、
事業を創り、
未来を築く

The Study for
Corporate Entrepreneurs

CROSSMEDIA PUBLISHING

はじめに

「人と組織」が盲点だった
新規事業を徹底解剖する

　本書は、「人と組織」という観点から「事業を創ること」について考え抜いた、過去にあまり先例がない著書です。研究室の指導学生のひとりである田中聡さん（東京大学大学院・博士課程在学中）が中心になり、ご自身の修士研究や、私とともに行ってきた共同研究（電通育英会の支援による中原研究室の共同研究）に関する知見をまとめ、一冊の書籍とさせていただく機会に恵まれました。指導学生との共著書が世に出て、多くの人々に読まれることは、私自身の単著刊行のときと異なり、また格別の喜びを感じます。

　田中さんは修士・博士と私の研究室で研鑽をつみ、試行錯誤と研究室の仲間からのフィードバックを糧に、なんとか研究方法論を習得し、今まさに研究者として独り立ちしようとしています。田中さんが主導なさったさまざまな論考が多くの実務家に読まれ、「イノベーションが生まれる仕組み」が組織内で多様に整備されることになったとしたら、これ以上に嬉しいことはありません。

　私は、日々、研究室で「宛先のない研究はするな」と学生に指導しています。研究室で生まれたさまざまな知見が、多くの人々にお届けできることを願っています。

"曖昧"で"混沌"としたまま
解散に追いやられる新規事業

さて、本書のテーマは「事業を創ること」です。

これに関しては、私も、過去に「新規事業の立ち上げ経験」を持ち、それにまつわる思いを持っています。本書を書き起こすにあたり、私自身の経験の吐露が、もし仮に許されるのであれば、そこから筆を進めてみたいと思うのです。

考えてみれば、それらの経験から、20年弱の時間が経ちました。もうそろそろ、あのときの思い出も"時効"であろうと判断して、ここでは、それにまつわる思いを語りたいと思います。なお、20年も前の思い出です。ここで語ることになんらかの覚え違いがあるかもしれませんが、ご容赦いただきたいと思います。

今からおよそ20年前……。

大学院時代に私は、ある企業の中で、いわば社員のように働き、新規事業の推進に関わっていたことがあります。

直接、学部生から大学院へ入学した私が、なぜ、企業の中で働いていたのかを話しだすと、紙幅を過剰に費やす可能性があるので、ここでは割愛させていただきます。しかし、ほぼ2年間にわたって、大学院での研究を推進する傍ら、私は、当時、ある企業で進められていた、新規事業の立ち上げに奔走していました。

大学院時代は苦学の連続でした。当時は、今ほど若手研究者に対する研究費の援助が容易ではなく、研究に必要な書籍やソフトウェアなどは自分で調達せねばならない時代でした。さして実家が裕福ではない私は、そういう背景から、週の3分の1から半分を企業で、残りを大学院

で研究することを選んでいました。忙しい毎日でしたが楽しくもありました。社会とは隔絶された大学院という場所と、世の中の最先端を走る新規事業の立ち上げ。この「往還」をもって、ようやく、精神的安定を保っていたようにも思います。

　当時、私が関わった新規事業は、時代の最先端をいくものでした。

　5年後、10年後の社会を見据えて新規事業を立ち上げよう。もちろん、社内には、堅牢な既存事業も存在し、現在は安定的に日銭を稼げている。しかし、その利益は年々下がっており、おそらく10年はもたない。既存事業を救うべく、それに代替する新規事業を立ち上げるのだ。

　そのような思いを持って、新規事業部門のような即席のグループの中で、数名の若い社員の方々と私は、そのプロジェクトに従事していました。

　はじめての"会社勤め"は、ものすごく刺激に満ちあふれていました。

　個人情報保護やコンプライアンスなどが今ほど喧伝されることのない、まだ鷹揚な時代、あるいは、のんびりとした時代だったのでしょう。私は正社員ではありませんでしたが、会社の中を自由に歩き回ることができました。社員の皆さんは、私を受け入れてくださり、同じ仲間のように接してくれました。お昼を一緒に食べたり、タバコ部屋で薫陶を受けたり、夜は飲みへ出かけたり、カラオケに行ったり……。そのように皆でワイワイと議論をしたりする中でプロジェクトを推進していきました。

　私が関わった新規事業は、その後、2段階で実証実験を行うことになりました。第1段階は「アルファ版」と呼ばれるもの。こちらは簡易システムを構築し、本当に事業がうまくいくかの検証を行いました。幸いなことに、私たちのアルファ版はよい成果を残し、第2段階に進むことが許されました。

第2段階は「ベータ版」と呼ばれていました。こちらには1桁違う投資がなされ、実際のユーザーの方々に参加いただき効果検証を行いました。技術的な課題も少なくはなかったのですが、無事にデータを取得でき、あとは事業として推進されるかどうかの判断を待つだけになりました。

　しかし、そのあたりからなのです。
　プロジェクトに“暗雲”が立ち込めるようになってきたのは……。

　部長や社員の皆さんが、オフィスの片隅でこそこそ話をする回数は、次第に増えていき、顔色があまり優れなくなりました。
　結論から言うと、私たちが企画した新規事業は、組織の中のさまざまな会議体を通過することができず、「時期尚早」と判断されて事業化は見送られました。プロジェクトメンバーたちは、他部署へ異動していったり転勤になったりしました。

　プロジェクトから、ひとり、またひとりと人がいなくなっていく。
　周囲にも「**なんか大変そうだねぇ**」と声をかけてくれる人はいました。「新規事業って、なかなかうまくいかないよね。**だから、あんまり関わりたくないね**」とおっしゃる方もいらっしゃいました。

　のちに伝え聞いた噂を集めると「**既存事業とのシナジー（相乗効果）を描けていないので既存事業から反対を受けた**」とか「**どこからともなく横槍が入った**」とか、本当か嘘かわからないようないろいろな理由を聞きました。誰もが理由に確証は持っていないようにも見えました。新規事業が見送られた理由は、20年が経った今なお“曖昧”で“混沌”としています。その意思決定が組織の中で為されたことは間違いないのですが、あまりクリアに語られることはありませんでした。かくしてプロジェクトは解散ということになりました。

人と組織という観点から事業を創る

以上、紙幅をとり、私の過去の経験を語りました。

ここで、読者の皆さんに注目いただきたいポイントは、先ほどのエピソードの顛末にある"曖昧さ"や"混沌さ"です。組織の中のさまざまな権力によって、新規事業の事業化は知らず識らずのうちに見送られ、プロジェクトは解散になっていったのです。

ここで私が過去の経験を語ってお伝えしたかったことは、本書で、田中さんと私が取り組んだ内容──**「人と組織」**という観点から**「事業を創ること」**に深く関連しています。

私たちの新規事業は、今から考えてみれば技術的にプリミティブであったかもしれませんが、目指すべきビジョンや戦略は比較的クリアなものでした。それでも結局のところ、組織の中の曖昧で混沌とした意思決定・相互作用の果てに事業化されませんでした。そうしたプロセスを傍観している人は「新規事業って、なかなかうまくいかないよね。だから、あんまり関わりたくないね」という感想を持つようになりました。かくして、新規事業にさらに挑戦しようとする人の数が減っていくことになります。

新規事業への挑戦が減ってしまうことをいかに防止するか

それこそが、本書で紙幅を220ページ以上にわたって費やして論じることです。

おそらくは、これに類する事例は、日本全国の会社において枚挙にいとまがないものと思われます。しかし、序章で述べるように、**新規事業の敵は「組織の構造」**にあります。そして、この組織の構造を変化させないことには、新規事業はなかなか奏功しないことが予想されるのです。

実証的データから問題を知る

　本書で私たちは、事業創出のために、**新規事業担当者をどのように選び、仕事を任せ、彼らの新規事業構想をサポートできるのか**という視点に立って本書をしたためています。新規事業が生まれるためには、どのような人が必要で、どのように組織的な支援を行っていくのかを実証データから科学的に明らかにしていくことが私たちの目指すところです。個人的には、こうした知的作業を通じて、知らず識らずのうちに立ち消えになってしまった、かつて私が関わった新規事業を"弔いたい"という思いがあります。

　これまで新規事業の書籍には、新規事業経験者や経営者によって書かれた新規事業創出の実践書か、あるいは、経営学者によって執筆された戦略論に基づく新規事業創出の学術書がありました。
　これらの経験や学術的探究は非常に貴重なものだと思いますが、私たちは、そうした立場とは異なる点から新規事業の問題を論じます。人材開発の研究室である中原研究室ならではの視点とは「人と組織」。**人と組織の観点から、実証データに基づき、この問題にアプローチする**ことが特徴です。

　本書は、これから新規事業を進めようと思う人、新規事業を社内に生み出したいと願う人々、経営者の皆さん、そして新規事業にまつわる探

究をなさっている方など、**新規事業に関わる全ての「事業を創る人」の
ための本**です。

　市場の発展のスピードが速くなり、既存事業では利益を出せなくなっ
ていく時代に入って久しいものがあります。本書がきっかけになり、そ
れぞれの会社・組織の新規事業の仕組みが整備され、よりクリエーティ
ブな事業が生まれることの一助になったら、これ以上に嬉しいことはあ
りません。

＊　　　＊　　　＊

　最後になりますが、謝辞を述べさせていただきます。

　まずは、本書のきっかけをくださった株式会社クロスメディア・パブ
リッシングの皆さんに心より感謝いたします。本当にありがとうござい
ました。

　また、調査の一部をご支援いただいた公益財団法人電通育英会の皆さ
まにも心より感謝いたします。宮島泉さん、永妻光夫さん、小林洋一専
務理事、森隆一理事長、もうご退職なさいましたが一昨年前まで同社の
研究担当をなさっていた吉村彰芳さんに心より感謝いたします。本当に
ありがとうございました。

　私たちは、日本人は「クリエーティブな人材」であると思っています。
しかし、伝統的な日本企業は、もしかすると「クリエーティブなアイデ
アを持つ個人」をうまく処遇し、うまくサポートできていなかったのか
もしれないなと思います。

本書がきっかけで、そうした現状が変わり、さらに多くのイノベーティブな商品やサービスが生まれることを願います。

　　新たなものごとの創造に関わる
　　全ての人々へ
　　届け！　我らの思いと知恵よ
　　変われ、新規事業のパラダイム

　　2017年12月24日　クリスマス前夜

　　　　　　　　　　　　　　　　　　　中　原　　淳

序章　事業創造の実態を探る

第1章　新規事業は「人」で決まる

第2章 データで見る、創る人の実像

第5章　創る人と事業を育てる組織

Interview
第6章 事業を創る先進企業の最前線

〈テーマ〉
企業の中で事業を創る人とは、どういう人なのか？
創る人が活躍するために、組織はどうあるべきか？

サイバーエージェント

曽山 哲人さん

東レ経営研究所

手計 仁志さん

聞き手

田中 聡

中原 淳

「事業を創る人と組織に関する実態調査」の概要

　私たちは、2017年にインターネットモニター調査を通じて、民間企業に勤める新規事業経験者1,500名を対象に「事業を創る人と組織に関する実態調査」を実施しました[1]。以降、本書では同調査のことを「独自調査」と表記します。調査対象者の概要については次頁をご覧ください。

調査結果の転載・引用について

　本書に掲載されている「事業を創る人と組織に関する実態調査」の結果や図表は、ご自由に転載・引用することができます。ただし、引用・転載にあたっては、必ず以下の【出典記載例】に則って出典のご明記をお願いします。

【出典記載例】

田中聡・中原淳（2017）「事業を創る人と組織に関する実態調査」

1）公益財団法人電通育英会からのご支援により、東京大学中原淳研究室が2017年に実施した調査です。本書の著者である田中聡・中原淳で共同研究を遂行しました。

【調査回答者の内訳】

図表 0.1　性別

図表 0.2　役職

図表 0.3　業種

図表 0.4　企業規模

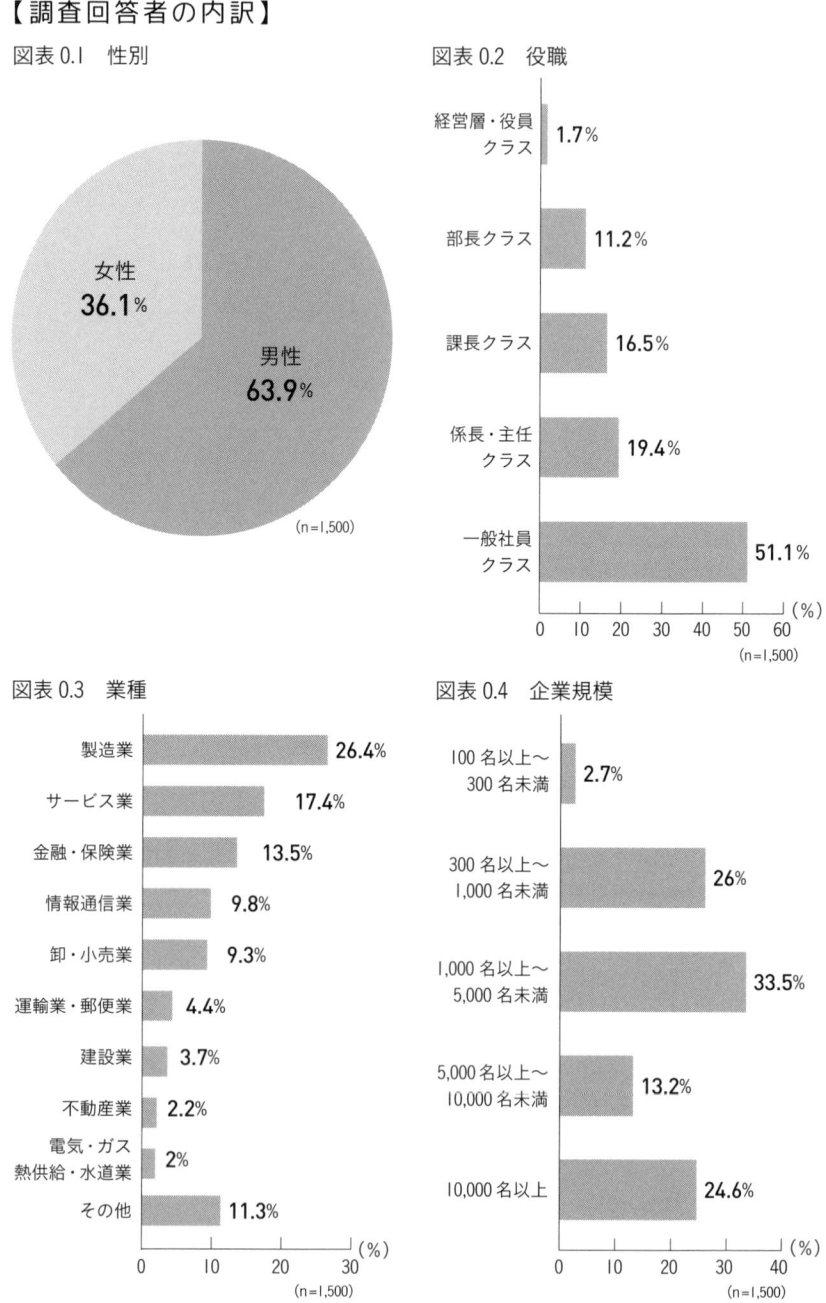

【特別付録での調査方法について】

特別付録では、新規事業部門での経験を通じて、新規事業担当者が学びを得る成長のプロセスをご紹介しています。このプロセスは、新規事業を立ち上げた経験のあるミドルマネジャー15人を対象にした定性調査の結果、明らかになった知見です。

【インタビュー内容】

調査は、半構造化面接というインタビュー調査の手続きに基づいて行われました。インタビューでは、調査対象者に冒頭で経歴と担当している新規事業の内容について自由に話してもらい、その後「新規事業を創出するプロセスで成長の契機となった出来事」「価値観が変化するきっかけとなった出来事」などについて話してもらいました。

成長を促す印象的な出来事を想起してもらうため、「大変だったこと」「衝撃的だったこと」「忘れられない失敗」「うまくいかなかった瞬間」「突発的な出来事の対処」「一皮むけたと思ったこと」といった観点から問いを投げかけ、それらの経験を通して心境や行動にどのような変化があったのかを自由に話してもらいました。

インタビューに要した時間は、一人あたり2時間から3時間程度です。インタビュー調査における回答は、調査回答者の了承を得て、ICレコーダーで録音し、得られたデータは全て文字に起こしました。

【分析手法】

得られたデータは「M-GTA（Modified Grounded Theory Approach）」といわれる分析手法に基づいて分析しています。M-GTAとは、フィールド（現場）に密着し、そこから得られたデータを帰納的にまとめ、現場の問題解決につながる理論の生成を目的とした方法論です[2]。

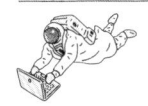

2）M-GTAの詳細については、次の文献をご参考ください。
木下康仁（2007）『ライブ講義——M-GTA 実践的質的研究法 修正版グランデッド・セオリー・アプローチのすべて』弘文堂.

図表 0.5　インタビュー調査対象者一覧

調査対象者	業界	役職	年代	新規事業経験年数	新卒／中途
A	出版	課 長	40 代	1 年	中途
B	エンターテイメント	課 長	30 代	4 年	新卒
C	教育サービス	課 長	30 代	2 年	中途
D	不動産	課 長	40 代	0.5 年	中途
E	エンターテイメント	課 長	30 代	3 年	新卒
F	総合電機メーカー	主 任	30 代	2 年	新卒
G	日用品メーカー	課 長	40 代	7 年	新卒
H	重工業メーカー	課 長	30 代	3 年	新卒
I	情報サービス	課 長	40 代	2 年	中途
J	都市銀行	課 長	40 代	8 年	新卒
K	人材サービス	本部長	30 代	2 年	新卒
L	自動車メーカー	課 長	40 代	2 年	中途
M	Web IT	役 員	20 代	6 年	新卒
N	人材サービス	課 長	20 代	2 年	新卒
O	情報サービス	課 長	20 代	2 年	新卒

序章

事業創造の実態を探る

　新規事業を語る前に、これまで新規事業がどのように語られてきたか、そして、何が語られてこなかったかを確認します。

　新規事業の成功や失敗についてさまざまに語られてきたことをデータで読み解くと意外な事実が明らかになりました。

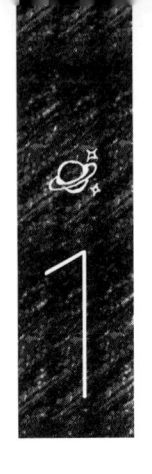

1 新規事業創造論の
盲点は「人」

　本書は、徹頭徹尾、「人と組織」という**観点**から「**事業を創ること**」を考察した一冊です。

　今、私たちは、かつてないほどイノベーションを希求する時代を生きています。市場や顧客の求めるニーズはめまぐるしく変化し、製品・サービスのライフサイクルは短縮化の一途をたどっています[3]。そのような環境の中で、企業は既存の主力事業に安住することなく、常に新たな事業を創り、これまでにない価値を提供し続けなければ、存続すら危ぶまれる状況に直面しています。つまり、これまでのような、優れた戦略があれば、長期にわたって安定した経営が約束されていた時代とは異なり、企業の生き残りを賭けた生存戦略として新規事業が必要とされているのです。

　こうした時代のニーズに呼応して、巷には新規事業やイノベーションにまつわる情報があふれています。ビジネスパーソンなら、「新規事業」や「イノベーション」という言葉を聞かずに一週間を過ごすことはないほどです。それに呼応して、これまで新規事業とイノベーションに関する一般書籍や研究書が、次の2つのポイントから編まれてきました。

3）経済産業省 (2016)「2016年版ものづくり白書」.
4）Ahmetoglu, G. (2017) *The Wiley Handbook of Entrepreneurship*，John Wiley & Sons.
　初期の新規事業に関する代表的な研究 (Corporate Entrepreneurship research) には次の論文が挙げられます。

　ひとつは、**新規事業経験者や経営者によって書かれた新規事業創出の実践書**です。

　こうした新規事業創出の実践書には、イノベーティブカンパニーとして名高い企業の事例やイノベーター個人の成功ストーリーなどを収めたイノベーション実践の手引きが描かれています。革新的な製品・サービスの誕生秘話を追体験できるという意味では、有益な情報であることは言うまでもありません。

　しかし、そうした「物語論的なイノベーション実践論」の多くは、必ずしも、信頼に足る科学的根拠に基づいて執筆された内容ではありません。そのため、新規事業を必要とする背景や置かれた環境がまったく異なる状況で、そのノウハウを安易に活用するには注意が必要です。

　また、書籍によっては、著者個人の主観に基づいた持論が都合よく編集され、その持論が、あたかも "原理原則" であるかのような主張にまで発展している場合もゼロではありません。

　例えば、「大企業からイノベーションは生まれない」「新規事業は、斬新なアイデアが生まれるか否かで決まる」などといった俗説が、その典型です。こうした "新規事業にまつわる都市伝説" がまことしやかに生産されているのです。そうした無批判に喧伝・流通されている現状には、警鐘を鳴らす必要があるでしょう。私たちは、「物語論的なイノベーション実践論」を興味深く消費しつつも、一方でそれを相対化する知性を持たなくてはなりません。

　もうひとつは、**経営学者によって執筆された戦略論に基づく新規事業創出の学術書**です。

　経営学の分野で、新規事業創出の研究が本格的に開始されたのは1970年代以降です[4]。当時は、製造業における日本企業の躍進と米国企業の停滞という対照的な構図が鮮明化した時期でもありました。この事実が、日本と米国の両国における実務家と研究者にとって、新規事業の重要性を強く認識する契機となりました。

・Peterson, R. A. & Berger, D. G.（1971）"Entrepreneurship in organizations：Evidence from the popular music industry," *Administrative Science Quarterly*，97-106.
・Hill, R. M. & Hlavacek, J. D.（1972）"The venture team：A new concept in marketing organization," *The Journal of Marketing*，44-50.
・Hanan, M.（1976）"Venturing corporations-think small to stay strong," *Harvard Business Review*，54(3)，139-148.

23

80年代以降になると、米国では企業の競争力が低下した要因を新規事業のあり方に見いだそうとする研究が数多く行われることになりました[5]。これまで、この領域の研究には、新規事業の市場ドメインを策定する方法論や新規事業の成否を左右する経営手法を検討した研究など、経営戦略論に基づく研究が一般的でした。そうした研究から「SWOT分析」「３Ｃ分析」「プロダクト・ポートフォリオ・マネジメント」「ファイブフォース分析」など、新規事業戦略の立案に有効なツールも多く登場してきました。もちろん、それらのフレームワークや考え方が悩める実務家を救ってきたことは言うまでもありません。

　しかし、これらの知見には、ほとんど考慮されていないひとつの、しかし、決定的な「盲点」があります。それは、**戦略を策定・実行する担い手である「人」**です。新規事業にまつわる人に着目した研究は決して多くありません[6]。図表１が示すように、1981年から2008年までのイノベーションに関する学術論文を収集して比較・分析を行った研究によれば、個人レベルに着目した研究は全体のわずか５％ほどに過ぎないのです。

　どんなに優れた新規事業の戦略があっても、それが実行されて成果に結びつかなければ意味がありません。机上ではうまくいくと思われる理論も、現場でそれを形にするのは「人」。決して、戦略がそのまま事業を形づくるわけではないのです。これまでの経営戦略論を軸としたイノベーション研究や新規事業創出研究の功績を認めつつも、一方で、それらが事業を創る現場の課題解決において、どこまでパワフルな影響力を持っていたのかについては議論の余地があります。

**　かくして、私たちは、あえて、これまで注目されてこなかった視点
──すなわち「人」の側面から新規事業を語ることにします。**

5）軽部大・武石彰・青島矢一（2007）「資源動員の正当化プロセスとしてのイノベーション──その予備的考察」『一橋ビジネスレビュー』55(4), 22-39.
6）関口倫紀（2015）「企業内人材の事業創造効力感を高める行動特性」『一橋ビジネスレビュー』63(1), 180-193.

図表1　1981-2008年までに刊行されたイノベーション研究論文のテーマ

「個人レベル」をテーマにしたイノベーション研究は全体のわずか5%。

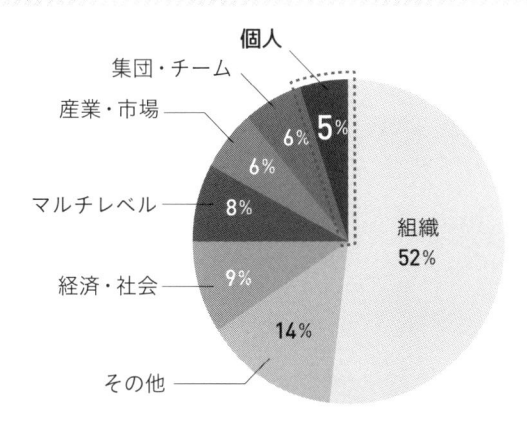

出所：M. M. Crossan & M. Apaydin (2010) "A multi-dimensional framework of organizational innovation: A systematic review of the literature," *Journal of management studies*, 47(6) を筆者修正

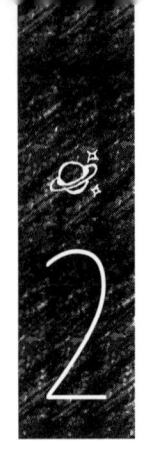

2 新規事業の成功確率は "挑戦母数" がカギ

　この本を手に取った方の多くは、今まさに新規事業に取り組んでいる本人（＝創る人）や新規事業に取り組んでいる企業の経営・マネジメント層（＝支える人）、あるいは、これから新規事業を立ち上げようと考えている人であると思います。多くの方は、新規事業を成功させるための手がかりを求めて、この本を手に取られたのではないでしょうか。

　そうした方々には大変申し上げにくいのですが、本書には「こうすれば新規事業は成功する」といった "新規事業の解法" はまったく描かれておりません。誤解を恐れずに言えば、「新規事業を成功に導く原理原則など存在しない」ということを、私たちは確信しているのです。

　先行研究の知見によれば、新規性・革新性の高い事業であればあるほど、事業の成否を事前に見通すことが難しいということがすでに明らかになっています[7,8]。そのため、新規事業に関わる全ての人たちは、これらの知見を正視し、今後を考えるための、もっとも基盤となる礎としてすえる覚悟を持たなくてはなりません。

　新規事業は「数」の勝負です。新規事業の成功確率を高めることに限界がある以上、成功を収めるには数の勝負しかありません。すなわち、新規事業に挑戦する機会の総数として **"挑戦母数"** を増やす必要があります。新規事業の挑戦母数を増やすためには、事業を創る組織風土が醸成されている必要があります。しかし、これは、一朝一夕に成し得るものではありません。

26

7）Garud, R. Nayyar, P. R. & Shapira, Z. B. (Eds.)（1997）*Technological innovation：Oversights and foresights*，Cambridge University Press，20-40.

8）軽部大（2017）「イノベーションを見る眼──周縁と変則」『一橋ビジネスレビュー』64(4)，44-55.

　一方、新規事業の出発点は「人」です。よって、挑戦母数を増やすには新規事業へのチャレンジを志す人を増やさなければなりません。そのためには、会社として事業創出に適した人材を見極め、サポートし、創る人が活躍できる組織を整える必要があります。さらに、創る人のセカンドキャリアを設計することも重要です。そうした創る人と組織の不断の育成・開発があって、はじめて事業を創ることのできる組織風土が醸成されるのです。

3 新規事業の敵は、「社内」にあり

　残念ながら、多くの企業では創る人と組織が十分に育っているとは言えない状況にあるようです。実際、第1章で詳しく述べるように、新規事業の現場では「人」に関する問題が山積しており、新規事業を阻害する最大の要因は「人」であることが調査の結果から明らかになっています[9]。

　図表2は、独自調査で事業創出経験のある500名を対象に「担当する新規事業に対して周囲からどのような反応があったのか」を尋ねた結果です。調査結果からは「応援する」「憧れのキャリア」といったポジティブな反応より、ネガティブな反応の割合が多いことが読みとれます。例えば、約3割の新規事業担当者が「経営層の多くは、新規事業より既存事業の業績に関心があった」と感じ、約4人に1人が「社内では、新規事業はお金の無駄遣いだと思われていた」「社内では、新規事業は常に批判の対象になっていた」と答えています。さらに、約15%の新規事業担当者が、社内関係者からだけでなく家族からも反対を受けているという驚きの結果が示されています。こうした結果からも**新規事業に対する社内外からの風当たりは非常に厳しい**と言えそうです。

　その他にも、新規事業担当者に対するインタビュー調査の結果から、創る人は、事業を立ち上げる過程で図表3のような"障害"と戦っていかねばならないことが明らかになりました。

9）一般社団法人日本能率協会 (2015)「第36回 当面する企業経営課題に関する調査」.

図表2　新規事業への風当たり

Q 「新規事業への風当たりが厳しい説」は本当か？

A 4人に1人が「お金の無駄遣いだと思われていた」経験あり。
約15%の人が家族から反対された経験がある。

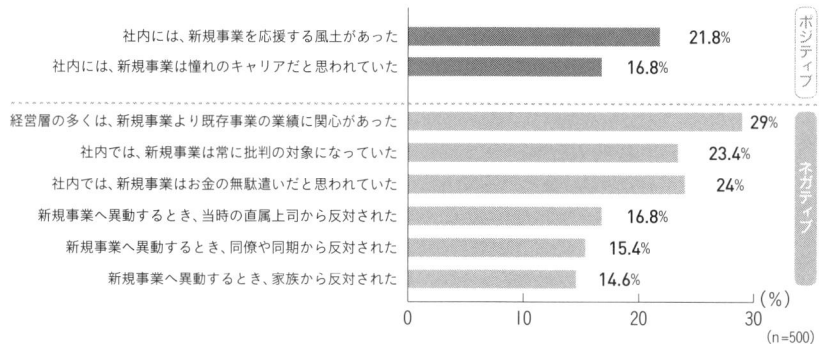

社内には、新規事業を応援する風土があった		21.8%	ポジティブ
社内には、新規事業は憧れのキャリアだと思われていた		16.8%	
経営層の多くは、新規事業より既存事業の業績に関心があった		29%	ネガティブ
社内では、新規事業は常に批判の対象になっていた		23.4%	
社内では、新規事業はお金の無駄遣いだと思われていた		24%	
新規事業へ異動するとき、当時の直属上司から反対された		16.8%	
新規事業へ異動するとき、同僚や同期から反対された		15.4%	
新規事業へ異動するとき、家族から反対された		14.6%	

（%）
(n=500)
※「あてはまる」「ややあてはまる」を合計した割合
出所：田中聡・中原淳 (2017)「事業を創る人と組織に関する実態調査」

図表3　思いがけない社内の敵

ノープラン
風見鶏上司

無責任な
ありがた迷惑ノイズ

同じ釜の
飯を食った敵

・ノープラン風見鶏上司

　新規事業へコミットする覚悟や情熱、事業についての具体的な見通しがなく、経営陣からの要望や既存事業の意向によって新規事業の戦略や方針がコロコロ変わる上司。こうした上司による場当たり的で一貫性のないマネジメントは新規事業を推進する上で大きな障害となる。

・無責任なありがた迷惑ノイズ

　新規事業のアイデアや事業計画に対して「俺ならもっとこうするけど」「この観点も盛り込んだほうがいいんじゃない？」など、無責任なアドバイスが関係各所から寄せられること。その多くは具体性に欠けた評論家的な課題の指摘に過ぎないため、一つひとつに対応しているとスピード感が落ちる。

・同じ釜の飯を食った敵

　新規事業に異動する前の部署の同僚からも、新規事業に対して容赦ない批判や指摘を受けること。心を許せる友と思い、新規事業で抱えている課題や悩みを吐露すると、拡大解釈されて「新規事業崩壊の危機」といった噂が社内に広まってしまうこともあるので要注意。

　このような"障害"が立ちはだかる原因は、成熟した企業の中で事業を創る構造の難しさにあります。既存事業が成熟期や衰退期に差し掛かった状況で、慌てて高成長が期待できる事業領域で新規事業を立ち上げようと試みても手遅れになってしまう可能性が高いでしょう。そこで、経営者は既存事業がまだ成長期の段階から次の一手に着手しておきたいと考えるものです。しかし、既存事業が成長期の段階にはまだ資金や人材に対するニーズが高いため、「なぜ海のものとも山のものともつかない新規事業に、会社の限られた経営資源を割かなければならないのか」といった反対意見が噴出してしまうのです。

　事業の成功を考える以前に社内にある数多くの"障害"を乗り越えなければ事業を前に進めることすらできません。新規事業を立ち上げたあと、形にするまでのプロセスで、どの段階でどのような問題が起こり得るのか、その際にどう対処し、誰を味方につけるべきか、といった知識を事前に知っておくことが事業を創る上で欠かせないのです。

　しかし、実際には、会社都合で新規事業の立ち上げを企業側が決めておきながら、その事業構想から社内決裁・事業化まで一連の新規事業立ち上げプロセスを創る人に丸投げする**ノーサポート・ノーフィードバック**であることが少なくありません。その上、事業の立ち上げに失敗したら、原因を「創る人の能力の問題」として結論づけてしまいがちではないでしょうか。

　ここに、新規事業を阻む組織上の問題が潜んでいるのです。つまり、**新規事業が失敗に終わる本当の理由は、必ずしも創る人の能力不足による問題だけではない**ということです。この問題は、第1章で詳しく見ていくことにします。

4 「新規事業は君に任せた」と言った時点でゲームオーバー

　考えてみれば、事業を創るということは、経済合理性という観点からすれば非合理的な経営活動であり、普通に考えれば「やらないほうが得策」なのです。

　新規事業には多大な経営資源が必要です[10]。ヒト・モノ・カネといった会社の貴重な経営資源を動員するには、相応のコストが必要となります。コストを上回る利益を出すには、当然、事業の成功確率や成功によって想定されるリターンがある程度、予測可能な事業に対して投資がされるというのが経営の大原則です。しかし、新規事業の場合は、事業の成否や得られるリターンが事前には予測不可能な状況で経営資源を動員する必要があります[11]。

　つまり、こうした不確実性の高い新規事業に対して資源動員の意思決定をしなければならないという新規事業特有の矛盾が、社内からの批判や部門間の軋轢を一層助長しているわけです。こうした新規事業特有の構造的な難しさを、全て「創る人の能力の問題」に帰結させてしまうのはあまりに筋違いでしょう。

　繰り返しになりますが、創る人を支える経営層や上司も「こうすれば新規事業は成功する」といった明確な答えや勝ち筋など持ち合わせていません。ですから、経営層や上司がすべきことは、評価者・決裁者としての立場にあぐらをかいて、起案された新規事業案に重箱の隅をつつくような指摘をすることではなく、創る人とともに議論し、考え抜いて「正

10) Van de Ven, A. H.（1986）"Central problems in the management of innovation," *Management Science*, 32(5), 590-607.

11) 武石彰・青島矢一・軽部大（2012）『イノベーションの理由——資源動員の創造的正当化』有斐閣.

解はわからないけれど、こういうふうに考えたらもっとよくなるのではないか」と、事業構想を一歩前進させる助言や提案をすることです。

こうしたフィードバックを重ねながら、たとえ失敗してもまた次、と地道なサイクルを回し続けることで、はじめて人と組織の「事業を創る能力」は高まっていきます。フィードバックする側である経営者や上司に求められるのは、必ずしも「正解を出す」ことではありません。**「本気で取り組んでいる」という姿勢をいかに見せることができるか**に大きな意味があるのです。

新規事業に影響を与えるのが「人」だとしても、創る人に新規事業を任せきってはいけないのです。知らず識らずのうちに「優秀な担当者に任せておけばなんとかなるはずだし、きっと担当者自身も成長してくれるだろう」という幻想に浸ってはいないでしょうか。**いかに優秀な人材であっても「君に任せたから、社運をかけて頑張ってくれたまえ」と言った時点でゲームオーバー、もはやその新規事業に未来はありません。**

では、どうすればよいのでしょうか。私たちは、まず「新規事業を任せる」ことの概念を根本から変えていく必要があると考えます。新規事業を任せるとは、「新規事業部門への配属を決めること」ではありません。また、「権限を与えず、責任だけを負わせる」などというのはもっての外です。

新規事業を任せるとは「権限を付与し、新規事業を創るプロセスを伴奏しながら支援し、結果に対する責任を共有する」ということです。「任せた」と言って終わるのではなく「一緒にやろう」と声を掛け、いつでも自ら創る人になる覚悟で新規事業にコミットすること。これができないのであれば、むしろやらないほうが得策です。なぜなら、先にもお伝えしたように、そもそも新規事業とは経済合理性という観点からすれば非合理的な経営活動であり、普通に考えれば「やらないほうが得策」なのですから。

5 新規事業に関わる全ての人のための「見取り図」

　新規事業がうまくいかない理由、それを「人と組織」という側面から見ていくと、ここまで論じてきたような全体像が得られます。これまで繰り返し述べてきたように、新規事業の成功を左右するのは「人」ですが、ここで言う「人」とは、新規事業担当者だけを指すものではありません。創る人にフィードバックやサポートをする経営・マネジメント層も含みます。さらに、創る人と新規事業が育つ土台となる組織のあり方も重要になります。本書では、新規事業担当者を**「創る人」**、新規事業担当者を支援する経営・マネジメント層を**「支える人」**、そして土台となる組織を**「育てる組織」**と呼びます。

　本書を通じて、まず創る人にお伝えしたいことは、新規事業を立ち上げるプロセスにおいて、先々で直面する幾多の障害を前に立ちすくんでしまうのではなく、本書を頼りに「何が起きるかはだいたいわかっているんだ」と安心して一歩前に進んでほしい、ということです。そして、支える人に対しては、新規事業に挑戦する人が身を置く状況や直面する課題を正しく理解し、必要に応じてサポートやフィードバックをして欲しいと思います。

　本書では、こうした読者の方々の助けとなるよう、新規事業が難航する原因と数々の障害について実証的な研究成果や定量的なデータを手がかりに、それらの困難を乗り越え、人と組織が成長していくための具体的な実践知を余すことなくお伝えしていきます。

　本書が対象とする「新規事業」について付記しておきます。

　ここまで「新規事業」と一括りに扱ってきましたが、詳しくは第1章で説明するように、一口に「新規事業」と言っても業界や会社によってその予算規模や開発期間などは大きく異なります。例えば、ゲームアプリを開発するIT企業が想定する新規事業は、数カ月の開発期間で新サービスを発売することかもしれません。一方、製薬メーカーのように1つの新薬を世に送り出すために10年超の研究開発期間を要する業種もあります[12]。

　それら全ての新規事業を対象とすることは本書の範囲を大きく超えることになります。そこで、本書が想定する主な新規事業は次のものとします。

- 既存事業を複数展開している中堅・大企業において、事業を新たに創る活動[13]
- 事業構想から事業化に至るまでのリードタイムが5年を超えないような新製品・サービスの開発

---

12) 厚生労働省 (2011)「平成23年版厚生労働白書」.
13) 創業・起業は本書の対象外とします。

最後に、本書の構成を「事業を創る人」の見取り図（図表4）とともにご紹介します。

　第1章では、まず「事業を創ること」を取り巻く現状と課題を概観し、事業を創る最大の鍵は「人」であることを確認していきます。その上で創る人だけでなく、支える人、さらに育てる組織がいかに重要かについて論じていきます。

　第2章では、本題に入る前に、そもそも創る人とはどういう人なのか、データと先行研究の知見を織り交ぜながらその実像に迫ります。どのような学生生活、入社後のキャリアを歩んできた人たちなのか、独自調査をもとに創る人を徹底解剖します。また、イノベーターがどのような思考特性・行動特性を持っているかについても触れます。

　第3章では、いよいよ創る人を選び、任せるというフェーズに入ります。新規事業に配属する人材の見極めは非常に重要ですが、それと同等か、あるいは、それ以上に任せ方も重要です。既存事業から新規事業へ異動するということは、ゲームのルールが180度異なる新境地に投げ込まれるようなものです。創る人がこの非連続的な役割の変化（トランジション）を円滑に乗り切るために必要な任せ方のポイントについてご説明します。

　第4章では、支える人に着目します。第3章で事前に想定される課題や挫折を前もって予告することの重要性に触れますが、それでもほとんどの場合、創る人は理想と現実のギャップにさいなまれてジレンマと葛藤を抱えることになります。そこで、この章では創る人がつまずくポイントを整理し、誰からのどのようなサポートが創る人の支えとなり、新規事業を後押しするのかを明らかにします。

図表4　「事業を創る人」の見取り図

　第5章では、創る人と育てる組織に着目します。第4章で創る人と支える人が協働して事業を創ることの重要性を指摘しますが、新規事業を阻む壁が組織の構造上の問題である以上、創る人と支える人だけで対処できることに限界があるという事実も認めざるを得ません。そこで本章では、新規事業に対する経営層・既存事業としての関わり方や、創る人のセカンドキャリアの設計、新規事業を育む組織風土について考察していきます。

　第6章では、インタビューを通して90年の歴史を誇る伝統的メーカーと創業20年のベンチャー企業の取り組み事例をご紹介して、「事業を創る人と組織の最前線」に迫ります。このインタビューには創る人と新規事業で変革を生み出す組織の創り方のエッセンスが詰まっています。

なお、本書の巻末に**特別付録**として、15名の創る人たちを調査分析して明らかになった成長プロセスを収録しています。創る人はどのような思いで4つのジレンマを経験し、いかなる葛藤を抱えながらその苦難を乗り越えていくのか。そのリアリティは、これからジレンマに直面する創る人だけでなく、創る人を支える上司や経営層にとってもきっと有益なものとなるはずです。

　現実の只中で新規事業と格闘している読者の方にとっては、自らの置かれた状況を客観的に振り返るための学習ツールとして、経営者、人事担当者の方にとっては「事業を創ること」が「人を育てる良質な経験」になるという理解を深め、自組織の育成・支援体制を見直す際の参考資料として、ご覧いただければ幸いです。

　本書は、新規事業に関わる全ての人にとっての見取り図となるように執筆したつもりです。本書をきっかけに新規事業へ前向きに挑戦する人や企業が増えることを願っています。

新規事業は「人」で決まる

本章では、創る人について紐解いていくためのイントロダクションとして、そもそも「事業を創る」とはどういうことかについて理解を深めていきます。

1 そもそも「事業を創る」とは

「事業を創る」の定義

　はじめに、企業内で「事業を創る」とはどういうことか、考えてみましょう。本書では、事業を創る活動（新規事業創造）を**「既存事業を通じて蓄積された資産、市場、能力を活用しつつ、既存事業とは一線を画した新規ビジネスを創出する活動」**[14,15]と定義します。つまり、事業を創るとは、単に新しいものを生み出すことではなく、既存事業で得た資産・市場・能力を活用して、経済成果を生み出す活動です。

　この定義が示唆するポイントは3つあります。

　第1に、**既存事業との関連を一切無視して新規事業を考えることはできない**ということです。ゼロからイチを生み出すという発想にとらわれ過ぎて、既存事業の持つ資産や能力を一切考慮しない新規事業の企画を考えがちですが、まず既存事業とのシナジーが発揮される領域から新規事業のドメインを考える必要があります。

　第2に、個人的な発明や発見とは異なり、**社内外のさまざまな利害関係主体を巻き込み、その資源を動員する組織的なプロセスである**ということです[16]。

　第3に、アイデアの革新性や新規性ではなく、**経済成果を生み出す活動である**ということです[17]。つまり、新しいアイデアを生み出し、組織

14) 山田幸三 (2000)『新事業開発の戦略と組織──プロトタイプの構築とドメインの変革』白桃書房.
15) Wolcott, R. & Lippitz, M. (2009) *Grow from Within : Mastering Corporate Entrepreneurship and Innovation*，McGraw-Hill Education.
16) 武石彰・青島矢一・軽部大 (2012)『イノベーションの理由──資源動員の創造的正当化』有斐閣.

図表5　新規事業の3つのフェーズ

1	事業構想段階	事業アイデアを収集・検討し、事業コンセプトと事業計画を策定する
2	社内承認段階	事業計画に対して社内の経営層から決裁を取りつけ、事業化に向けて具体的な調整を行う
3	事業化段階	事業計画に基づいて、必要な資金や人材などを投下し、商品・サービスを市場に投入して成果を創出する

を巻き込んで市場に導入し、経済成果を生み出して、はじめて事業を創る活動であると言えるのです。

　一般に、事業を創るというと「まったくのゼロから革新的なアイデアをつくること」というイメージが根強いのではないでしょうか。そして、そうした活動を支援する研修やセミナーなどが、たくさん売り出されています。しかし、「事業を創ること」の定義から考えれば、こうした見方が少し「的を外している」ことがおわかりいただけるかと思います。**事業を創るとは、既存事業との関わりにおいて、自らの経営資源を見直し、経済的な成果を生み出す「地に足のついた試み」なのです。**

　続いて、事業を創るプロセスについて見ていくことにしましょう。新規事業と言っても、あとで詳しく説明するようにさまざまなタイプがありますが、概ね共通するプロセスとして「**事業構想段階**」「**社内承認段階**」「**事業化段階**」の3つのフェーズがあります[18]（図表5）。

17）一橋大学イノベーション研究センター（2017）『イノベーション・マネジメント入門』日本経済新聞出版社.
18）金森敏（2003）「社内企業家の行動に関する文献レビュー」『研究年報経済学』1(65)，191-208.

第1の**事業構想段階**とは、事業アイデアを収集・検討し、事業コンセプトと事業計画を策定するまでの段階です。会社によっては、新規事業プランコンテストを制度化し、外部コンサルタントやベンチャーキャピタリストなどが事業計画の策定をフォローアップする事例も増えています。

　第2の**社内承認段階**とは、事業計画に対して社内の経営層から決裁を取りつけ、事業化に向けて具体的な調整を行うまでの段階です。経営陣が一堂に会した役員会の場で、新規事業案を決議するのが一般的です。しかし、既存の役員会では、他の経営課題に埋もれ、新規事業の議論に十分な時間を割けないという課題から、新規事業の審査や決議を専門に行う投資委員会を設置する企業も増えました。さらに、最近では、意思決定のスピードを重視し、新規事業担当役員を配置し、一定の予算規模までは担当役員に一任する場合も見られます。

　そして、第3の**事業化段階**とは、事業計画に基づいて、必要な資金や人材などを投下し、市場に投入して成果を創出するまでの段階です。最近では、大企業を中心に「アクセラレーションプログラム」や「社内インキュベーションセンター」のように新規事業の実行組織とは別に、推進支援を専門に行う組織を設置する企業が増えています。そこでは主に、新規事業に関わる社内外の多様なステークホルダーとの折衝・調整や、人員の確保、Ｐ／Ｌの管理など、事業運営に関わる管理業務を担っています。

さまざまな新規事業の形

　一口に「新規事業」と言っても、大きく分けて**①市場開発、②新製品・サービス開発、③多角化**という３つのカテゴリーに整理することができます[19]。

19) Ansoff, H. I.（1965）*Corporate Strategy*，McGraw-Hill, Inc.（広田寿亮訳（1969）『企業戦略論』産業能率大学出版部）．

図表 6　新規事業のパターン

		商品・サービス	
		既存	新規
顧客・市場	既存	市場浸透 Market Pentration ※既存事業	② 新製品・サービス開発 Product Development 例：セブン - イレブンのコーヒー
	新規	① 市場開発 Market Development 例：ホンダのスーパーカブ	③ 多角化 Diversification 例：富士フイルムの化粧品

出所：H.I.Ansoff (1965) *Corporate Strategy*, McGraw-Hill,Inc. より筆者制作

　図表6をご覧ください。「商品・サービス」と「顧客・市場」という2点において、新規事業を既存事業と比較してみると、前述の3つのカテゴリーに分けることができます。それぞれについて見ていきましょう。

　まず、既存事業は、「商品・サービス」「顧客・市場」ともに既存のもので、すでに市場浸透している事業です。

　これに対し、**①市場開発**は、既存の商品・サービスを新たな市場で展開することです。例えば本田技研工業（ホンダ）のスーパーカブは、商品そのものは従来のものと比べて新しくはありませんが、新興国という新たな市場で販売することで、これまでにない価値を生み出している事例です。

　続いて、**②新製品・サービス開発**については、既存事業で獲得した市場に対して新しい製品を売り出すことです。例えば、セブン - イレブン・ジャパンが店舗で新たにコーヒーを販売した事例があります。これは、いつもコンビニに来ている顧客に対し、新しい商品・サービスを提

供したという意味での新規事業にあたります。

　一方、**③多角化**は「商品・サービス」と「顧客・市場」ともに新規のもので、これまでの事業とはまったく分野が異なる製品を新しい市場に売り出すことです。例としては、富士フイルムの化粧品製造販売や日本たばこ産業による医薬事業への参入などがあります。

　このように、「商品・サービス」と「顧客・市場」という2つの軸によって整理される①新製品・サービス開発、②市場開発、③多角化の3形態に分類されたものが、一般的に言われる新規事業の領域と言えるでしょう。

オープンイノベーションという新たな潮流

　また、近年では大企業とベンチャー企業が協業する**オープンイノベーション**が海外を中心に盛んになっています。

　オープンイノベーションとは「企業内部と外部のアイデアを有機的に結合させ、価値を創造することであり、組織の外部で生み出された知識を社内の経営資源と戦略的に組み合わせることと、社内で活用されていない経営資源を社外で活用することにより、イノベーションを創出することの両方」を指します[20]。

　オープンイノベーションの代表的な事例はプロクター・アンド・ギャンブル（P&G）の「Connect & Develop」と呼ばれる取り組みです。これまで独自の技術を自社内で研究・開発し、事業化することに強みを持っていた同社が、技術開発を外部に公募し、革新的な製品開発に生かそうとする新たな試みを始めたことで注目が集まっています。外部パートナーとしては企業や研究機関だけでなく、時には競合他社も含め多岐にわたっています。対象とする分野も幅広く、製品に関する技術や知識などからトレードマークまでさまざまです[21]。同社は新たなイノベーショ

20) Chesbrough, H.（2006）*Open Innovation: The New Imperative for Creating And Profiting from Technology*, Harvard Business School（大前恵一朗訳（2004）『OPEN INNOVATION——ハーバード流イノベーション戦略のすべて』産能大出版部）.
21) プロクター・アンド・ギャンブル・ジャパンHP〈http://jp.pg.com/innovations/open_innov.jsp〉より.

図表 7　日本企業におけるオープンイノベーションへの取り組みの実態

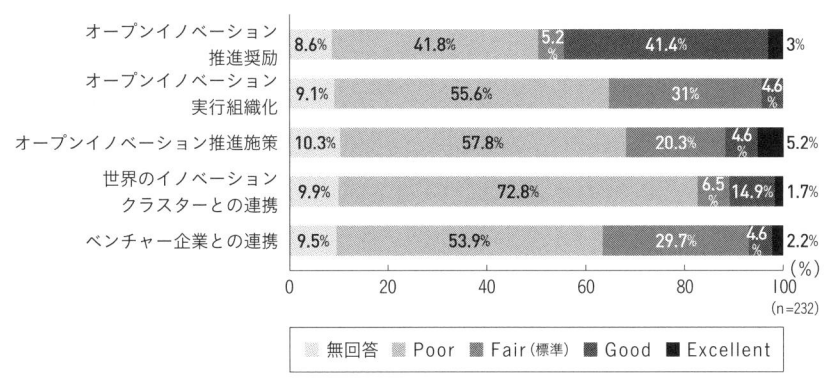

Q 外部企業とのコラボレーションの実態とは？

A 推進は奨励するが、実際に施策を講じている企業の割合は少ない。

	無回答	Poor	Fair（標準）	Good	Excellent

出所：デロイトトーマツコンサルティング合同会社（2016）「イノベーションマネジメント実態調査2016」を筆者修正

ンの50％以上をこのオープンイノベーションから生み出すことを目指して、オープンイノベーション経営を推進しています[22]。

　日本企業でのオープンイノベーションの現状はどうでしょうか。

　日本でのオープンイノベーションの現状を示すのが図表7です。外部コラボレーションへの取り組み状況を評価した調査結果によれば、オープンイノベーションの推進を奨励している企業の割合は、「Fair（標準）」以上で49.6％となっており、約半数の企業がオープンイノベーションに対して前向きな姿勢を示していることがわかりました。一方、オープンイノベーションの推進に向けて実際に施策を講じている企業の割合は「Fair（標準）」以上で30.1％であり、約3割程度に留まっているという結果になっています。

　つまり、オープンイノベーションの推進に対して前向きではあるが、具体的なアクションは起こしていない「スローガン先行の企業」が多い

22）Dodgson, M., Gann, D., & Salter, A. (2006) "The role of technology in the shift towards open innovation: the case of Procter & Gamble," R&D Management, 36(3), 333-346.

可能性が示唆されます[23]。かつて高度経済成長期の日本企業の躍進を支えた競争力の源泉ともいえる「自前主義体制」が、今、オープンイノベーションを進める上での大きな足枷となっていることが指摘されています[24]。それ以外にも、オープンイノベーションの目的に対する経営層の理解不足や、有力な連携先の探索、さらには連携先との関係構築において課題があるとされています[25]。

23) 国立研究開発法人 新エネルギー・産業技術総合開発機構（2016）「オープンイノベーション白書 初版」.
24) 山田仁（2016）「今、オープンイノベーションが必要となる背景と課題、政府の取組について」『産学連携学 = Journal of the Japan Society for Intellectual Production——産学連携学会誌』12(2), 43-47.
25) 国立研究開発法人 新エネルギー・産業技術総合開発機構（2016）「オープンイノベーション白書 初版」.

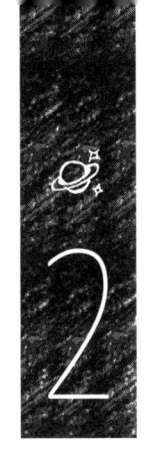

「事業を創る」の現状

加速化する新規事業への取り組み

　それでは、ここから日本企業における新規事業の現状について見てい
くことにしましょう。図表 8 によれば、2013年時点では日本企業335社
における新規事業の売上シェアは全体の 6 ％程度に過ぎませんでした。
それが2016年では日本企業236社を対象にした調査によれば約14％にな

図表 8　新規事業に対する取り組み

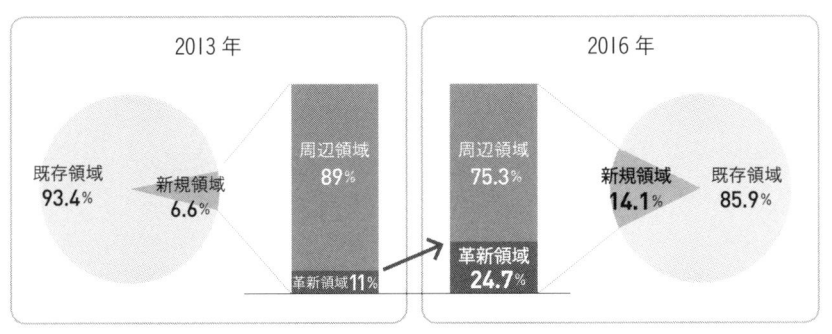

新規事業に対する日本企業の取り組みが積極化している。
新規事業の売上シェアは 3 年間で 2 倍に、革新的領域での売上も上がっている。

※周辺領域：自社にとって新しいが、市場ではすでに類似のものが存在する商品・サービス・事業から出た売上高
※革新領域：自社にとっても市場にとっても新しい商品・サービス・事業から出た売上高

出所：デロイトトーマツコンサルティング合同会社（2013）「日本企業のイノベーション実態調査」、
　　　デロイトトーマツコンサルティング合同会社（2016）「イノベーションマネジメント実態調査」を筆者修正

っており、３年で２倍以上伸びています。さらに、その内訳を見ると、自社・市場にとって新しいものを生み出したと言える革新的な領域での売上比率が2016年で約25％と、３年前の11％から大幅に増加しています。つまり、この３年ほどで**新規事業に対する日本企業の取り組みは積極化している**ことがわかります。

　日本企業が新規事業を積極的に取り組むようになった背景には、消費スタイルの変化とそれに伴う製品ライフサイクルの短命化があります。図表９は、経済産業省が2016年に実施した製品ライフサイクルの変化に関する調査データです。

　製品ライフサイクルが10年前と比較してどのように変化しているかという問いに対し、**全ての業種で「長くなっている」割合よりも「短くなっている」割合のほうが多い**ことがわかります。業種別に見ると、「電気機械」は34.7％、「化学工業」は30.2％が「短くなっている」となっており、特に製品ライフサイクルの短縮化が進んでいる業界であることが見てとれます。

　さらに、製品ライフサイクルが短くなっている企業に短縮率を尋ねた結果が図表10です。「電気機械」では約４割の企業が「50％以上」、約３割の企業が「30％以上〜50％未満」と回答しており、他の業種と比較して製品ライフサイクルの短縮化の進行スピードが著しく早いことが明らかです。

　ひとつの製品モデルがヒットすれば皆がそれを買うようなこれまでの時代では、その製品モデルの色違いや類似製品を出すことで、企業は継続的に利益を得ることができました。しかし、消費の個人化や多様化により、製品ライフサイクルも大幅に短縮化しました。その結果、既存の主力製品・サービスに頼ることなく、どんどん新しいものをつくっていかなければ、企業が利益を得ることは難しくなっています。かつてのような長期的に安定した戦略がそのまま経営にも長期的な安定をもたらし

図表 9　製品ライフサイクルの短命化

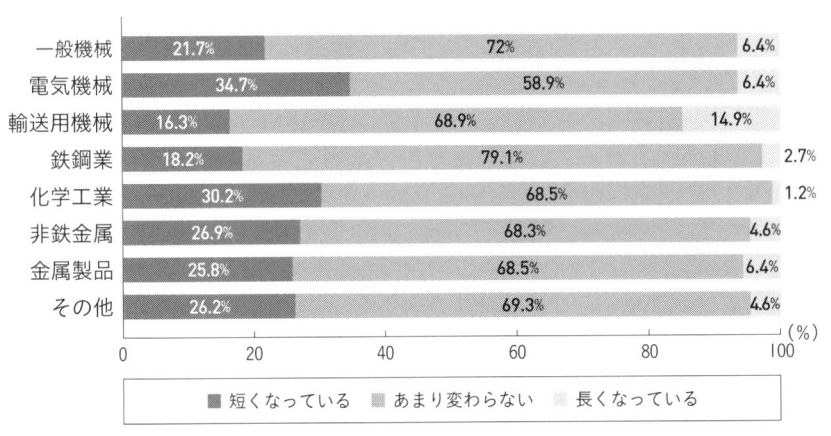

製造業では製品ライフサイクルの短命化が進んでいる。

	短くなっている	あまり変わらない	長くなっている
一般機械	21.7%	72%	6.4%
電気機械	34.7%	58.9%	6.4%
輸送用機械	16.3%	68.9%	14.9%
鉄鋼業	18.2%	79.1%	2.7%
化学工業	30.2%	68.5%	1.2%
非鉄金属	26.9%	68.3%	4.6%
金属製品	25.8%	68.5%	6.4%
その他	26.2%	69.3%	4.6%

出所：経済産業省 (2016)「2016 年度版ものづくり白書」を筆者修正

図表 10　製品ライフサイクルの短縮率

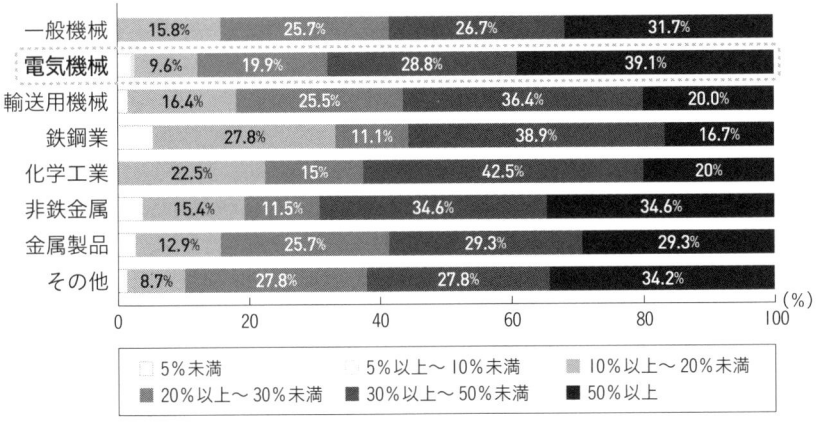

特に電気機械の分野では、製品ライフサイクルの短縮化が顕著。

	5%未満	5%以上～10%未満	10%以上～20%未満	20%以上～30%未満	30%以上～50%未満	50%以上
一般機械	15.8%		25.7%	26.7%		31.7%
電気機械	9.6%	19.9%		28.8%		39.1%
輸送用機械	16.4%		25.5%	36.4%		20.0%
鉄鋼業		27.8%	11.1%	38.9%		16.7%
化学工業	22.5%	15%		42.5%		20%
非鉄金属	15.4%	11.5%		34.6%		34.6%
金属製品	12.9%	25.7%		29.3%		29.3%
その他	8.7%	27.8%		27.8%		34.2%

出所：経済産業省 (2016)「2016 年度版ものづくり白書」を筆者修正

ていた時代とは異なり、「生き残りを賭けた生存戦略」として「新規事業」が必要とされているのです。

　実際に多くの経営者が、自社の経営課題として「新規事業の開発」を重視しています。そのことを示すデータが図表11です。図表11は、企業経営者を対象に自社の経営課題を調査した結果を経年で示したグラフです。2016年の上位4項目は「収益性向上」「人材の強化」「売り上げ・シェア拡大」「新製品・新サービス・新事業の開発」となっています。2007年からの推移を見てみると、「収益性向上」「人材の強化」は下降気味であるのに対し、「新製品・新サービス・新事業の開発」は右肩上がりであることがわかります。さらに、2007年では「売り上げ・シェア拡大」は「新製品・新サービス・新事業の開発」に20%近くの差をつけていましたが、2016年の時点では、ほぼ同程度の課題として重視されています。

　このことから、「いかに、次の事業基盤となるような新しい商品・サービスを生み出していくか」が近年の重要な経営課題となってきていることがわかります。

新規事業の成功確率は"千三つ"？

　これまで見てきたように、競争が激化する今日の経営環境の中で企業が生き残っていくためには新規事業が欠かせません。その一方で、新規事業の成功確率は「千三つ（0.3%）」、ほぼ成功する確率がないというイメージが定着しています。実際のところはどうなのでしょうか。

　こうした新規事業にまつわる一連の疑問を明らかにするために、独自調査より、新規事業の創出経験を終えた500名を対象に新規事業の業績を分析したところ、予算達成に成功していた新規事業は全体の半数近くであることがわかりました（図表12）。「千三つ」に比べれば、約半数と

図表 11　経営課題の経年変化

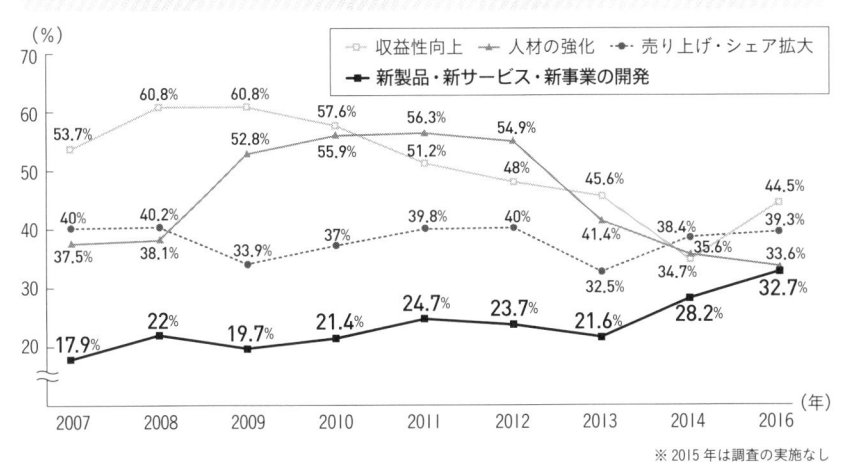

新規事業に対する企業経営の課題意識が高まっている。

※ 2015 年は調査の実施なし
出所：一般社団法人日本能率協会 (2016)「第 37 回 当面する企業経営課題に関する調査」を筆者修正

図表 12　新規事業の業績

Q 「新規事業は千三つ」説は本当か？

A 半数近くが予算達成している。

新規事業の予算達成率の割合

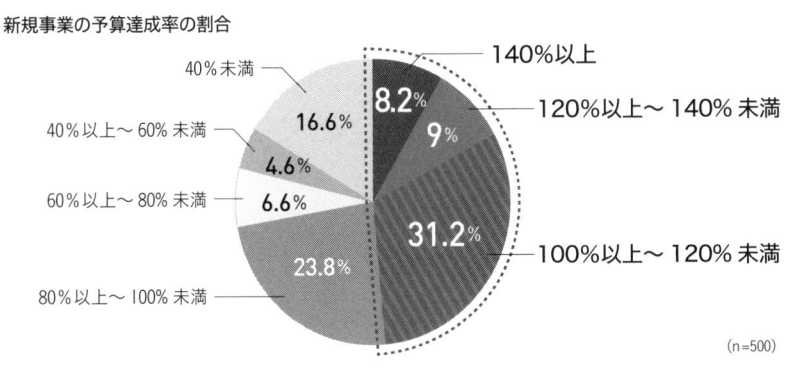

(n＝500)

出所：田中聡・中原淳 (2017)「事業を創る人と組織に関する実態調査」

いう数字は結果に結びついていることを示しています。

　しかし、この結果とは対照的に、新規事業に対する経営層の満足度は決して高いものではありません。

　図表13をご覧ください。これは、経済産業省が企業経営層330名に対して自社の新規事業に対する満足度を調査した結果です。これによると、自社の新規事業に対して「満足している」の割合は全体の２割程度に過ぎません。言い換えれば、**「満足していない」経営層は全体のおよそ８割**にも上ります。

　新規事業に対する取り組みは、売上全体に占める割合（図表８）や予算達成率のデータ（図表12）で見てみるとそれなりに進展しているように思えますが、この調査結果（図表13）から、まだ経営層が満足する水準には程遠い状況であることが読みとれます。

図表 13　自社の新規事業に対する経営層の満足度

Q　自社の新規事業に満足しているか？

A　約８割が満足していない。

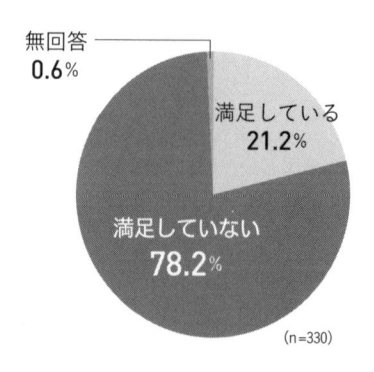

無回答
0.6%

満足している
21.2%

満足していない
78.2%

(n=330)

出所：経済産業省 (2012)「新事業創造と人材の育成・活用に関するアンケート調査」を筆者修正

3 問題は「人材」にあり、と決めつける前に

「新規事業を担う人材の能力不足」を嘆く経営者

それでは、新規事業を阻害する要因とは一体何でしょうか。

図表14は、企業の経営幹部層を対象に「新規事業推進の阻害要因は何か」を調査した結果です。もっとも多くの経営幹部層が阻害要因に挙げたのが「新規事業を牽引する人材が十分でない」（75.2%）でした。

図表 14　新規事業の推進を阻害する要因

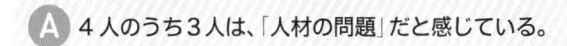

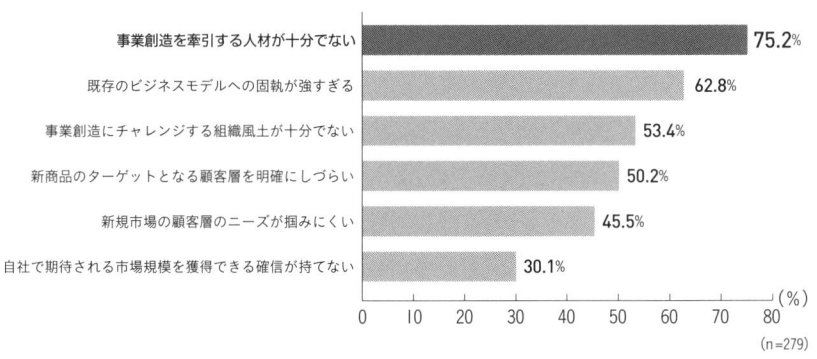

Q 新規事業の推進を阻害要因は何か？

A 4人のうち3人は、「人材の問題」だと感じている。

事業創造を牽引する人材が十分でない	75.2%
既存のビジネスモデルへの固執が強すぎる	62.8%
事業創造にチャレンジする組織風土が十分でない	53.4%
新商品のターゲットとなる顧客層を明確にしづらい	50.2%
新規市場の顧客層のニーズが掴みにくい	45.5%
自社で期待される市場規模を獲得できる確信が持てない	30.1%

(n=279)

※「よく当てはまる」と「ある程度当てはまる」を合計した割合
出所：一般社団法人日本能率協会 (2015)「第36回 当面する企業経営課題に関する調査」を筆者修正

言い換えれば、**経営幹部の４人中３人が自社の新規事業がうまくいか**ない原因が「人材の問題」だと感じているのです。「新商品のターゲットとなる顧客層を明確にしづらい」（50.2%）、「新規市場の顧客層のニーズが掴みにくい」（45.5%）といった「戦略の問題」に関連する項目と比べても、人に対する課題意識の大きさがうかがえます。

　さらに、図表15は、どのようなことが自社のイノベーションの実現やイノベーション活動を阻害する要因となったかを尋ねた結果です。その結果は**「能力のある従業員の不足」が47.4%で半数近くに達して最多**となっています。第２位「技術に関する情報の不足」（22.6%）、第３位「市場に関する情報の不足」（20.9%）と回答者の割合を比較しても、その倍以上の関心が人の問題に向けられていることが明らかとなっています。

　つまり、**経営幹部層は新規事業の成功を左右するのは「戦略」よりも「人」だと痛感している**ことがわかりました。

事業を創るのに本当に必要な能力とは

　これまでのデータからも明らかなように、新規事業を阻害する要因は「人材の能力不足」だと、経営者が考えていることがわかります。それでは、創る人には一体どのような能力が求められるのでしょうか。

　図表16は、経営層が「イノベーション人材に求める重要な能力・素養」と考えているものを上から順に並べたものです。上位の３つは、「推進力」（36.8%）「構想力」（33.2%）「挑戦心」（32.5%）となっています。このことから、経営層は、創る人に対して**「新しい事業のアイデアを構想し、未知の分野を恐れずに挑み、誰がなんと言おうと突き進んでいけるような推進力のある人物像」**を求めている傾向が見てとれます。

　一方、興味深いことに創る人本人が考える「イノベーション人材に求

図表 15　イノベーション活動の阻害要因（複数回答）

約半数の企業が、「人材の能力不足」を課題に感じている。

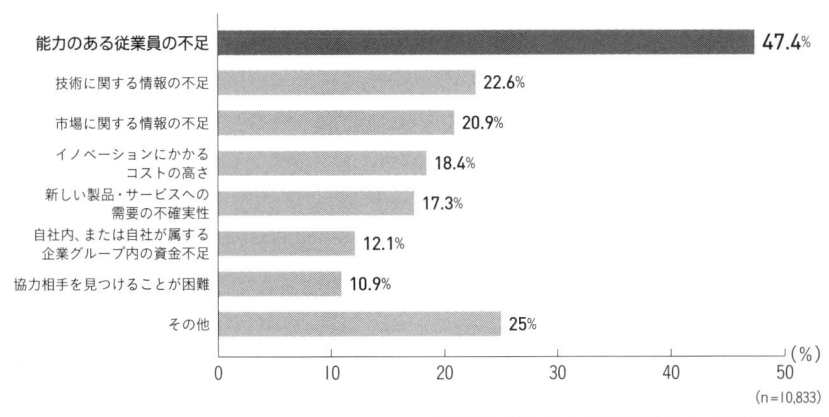

※「よく当てはまる」と「ある程度当てはまる」を合計した割合
出所：帝国データバンク（2015）「イノベーション活動に対する企業の意識調査」を筆者修正

図表 16　経営層がイノベーション人材に求める重要な能力・素養

経営層と本人の間でイノベーション人材の要件に認識のズレがある。

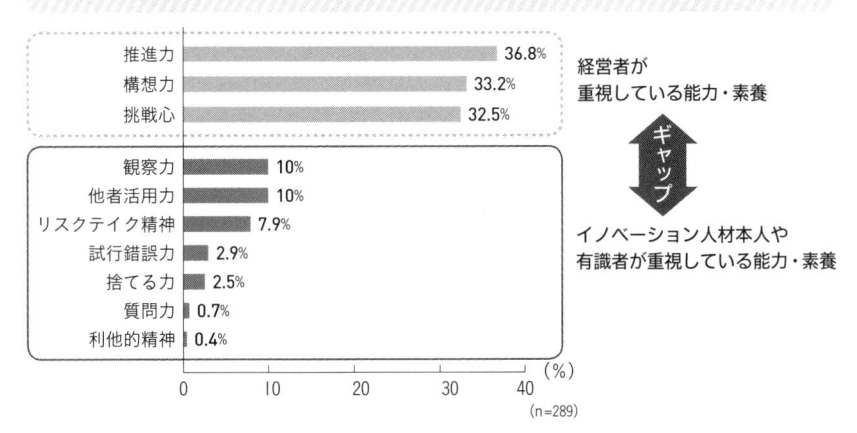

出所：柳沢樹里・山口高弘・磯崎彦次郎（2013）「イノベーションを創造する『人材』像および『組織』像
　　　――イノベーション人材に必要な 7 つの要件と組織に必要な 5 つの要素」野村総合研究所を筆者修正

められる重要な能力・素養」は、経営層が考えているものと大きく異なります。具体的には、経営層が軽視している「観察力」「他者活用力」を、創る人本人は重視していることがわかりました。これらは**「現場を正しく観察し、上手に他者を活用する能力」**であり、社内の巻き込みのために必要な能力だと言えます。

　近年、新規事業の活性化を目的に「ビジネスアイデア・ワークショップ」や「新規事業プランコンテスト」などの取り組みが多くの企業で積極的に行われています。

　こうした試みは、時に貴重なインサイトを組織にもたらしてくれるのかもしれませんが、それ自体で完結してしまっては成果が期待できません。そこでいかに良質なアイデアが豊富に生まれたとしても、新規事業を推進するための協力やサポートを周囲から借りられなければ新規事業は成功するはずもありません。

　組織の中で協力を得て、製品・サービスを市場に届ける政治的プロセスも含めて「新規事業」です。意欲やアイデアや構想だけが新規事業なのではないのです。だからこそ、**アイデアや構想よりもむしろ「組織の中でうまく物事を進めるために他者を巻き込む力」が、新規事業の成功を左右する真のカギ**だと言えます。

　それを裏づける調査データが図表17です。新規事業担当者500名を対象にした独自調査の結果、「新規事業で苦労した経験は何か」という設問に対して、「新規事業のアイデアをゼロから生み出すことができなかった経験」という回答は、「あてはまる」と「ややあてはまる」を合計した割合が2割程度に留まりました。

　それに対し、最も多かった回答が「既存事業から必要な支援・協力を得るのに苦労した経験」（38.4%）だったのです。

図表 17　新規事業を創出する上での課題

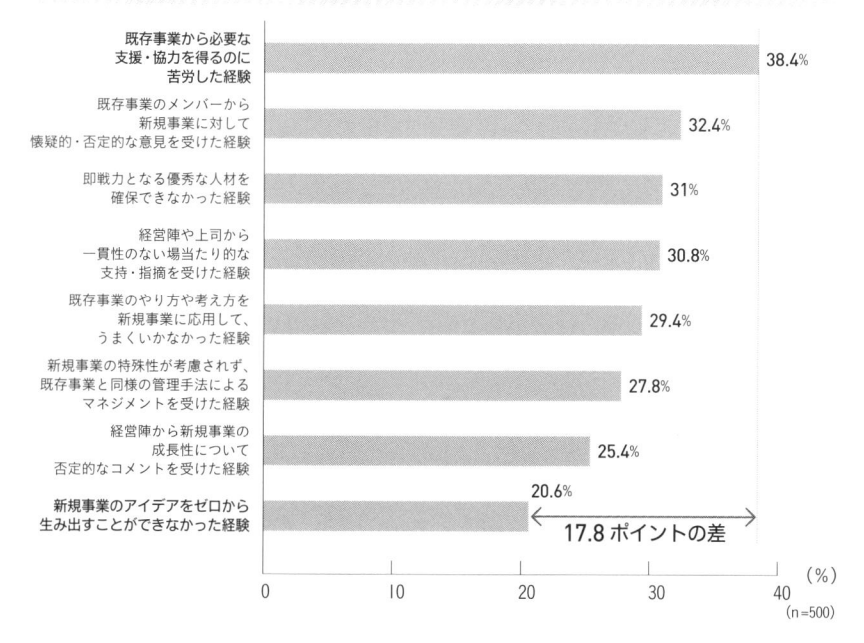

Q 新規事業は「斬新なアイデアがあればうまくいく」説は本当か？

A アイデアの創出より、社内の理解・巻き込みに苦戦している。

既存事業から必要な支援・協力を得るのに苦労した経験　38.4%

既存事業のメンバーから新規事業に対して懐疑的・否定的な意見を受けた経験　32.4%

即戦力となる優秀な人材を確保できなかった経験　31%

経営陣や上司から一貫性のない場当たり的な支持・指摘を受けた経験　30.8%

既存事業のやり方や考え方を応用して、新規事業に応用して、うまくいかなかった経験　29.4%

新規事業の特殊性が考慮されず、既存事業と同様の管理手法によるマネジメントを受けた経験　27.8%

経営陣から新規事業の成長性について否定的なコメントを受けた経験　25.4%

新規事業のアイデアをゼロから生み出すことができなかった経験　20.6%

17.8 ポイントの差

0　　10　　20　　30　　40　（%）
（n=500）

※「あてはまる」と「ややあてはまる」を合計した割合
出所：田中聡・中原淳（2017）「事業を創る人と組織に関する実態調査」

　つまり、**新規事業の推進を妨げているのは、アイデアの創出ではなく「社内の理解・巻き込みに苦戦している」**ということなのです。

　このように、創る人が社内の理解や巻き込み、いわゆる「**社内政治**」に苦しめられていることを、果たして経営層はどこまで十分に理解しているのでしょうか。

新規事業創出施策を迷走させる 「アイデアが必ず腐るメカニズム」

多数の新規事業を手掛けることで有名なサイバーエージェントは、2004年から2014年までの10年間、「ジギョつく」という手上げ式の社内事業プランコンテストを年2回実施していました。

このコンテストでは、1回につき500から600、多いときには1,000件もの新規事業アイデアが集まっていたといいます。この取り組みは、メディアにも多数紹介されるなど、非常に活性化していました。しかし、同社の藤田晋社長によれば、10年の間に「本当に会社の将来に必要だと思える新規事業」が「ジギョつく」の中から生まれることはなく、「人と資金を投入し、会社の将来を懸けてもよいと思えるアイデアは新規事業プランコンテストから出てこない」と結論づけ、2014年6月に「ジギョつく」の廃止を決めます。

サイバーエージェントの実例からも明らかなように、どんなに社員のモチベーションが高く、コンテストで勝ち抜くほどに優れたアイデアであろうとも新規事業の成功には直結しません。なぜなら、こうしたアイデア一本勝負の新規事業創出施策には**「アイデアが必ず腐るメカニズム」**とでも言うべき構造が潜んでいるからです。

「ビジネスアイデア・ワークショップ」や「新規事業プランコンテスト」は、文字どおりアイデアの質で厳選されます。新規性や面白みがないと判断されれば提案は否定され、否定された社員は「どうせ新規事業プランなんか出しても無駄」とそのアイデアとともに腐ってしまいます。

「面白いね！」と評価を受けたアイデアはどうかといえば、うまく人員や資金といった資源を動員させて軌道に乗せなければ、ただの「いいアイデア」止まり。ビジネスアイデア・ワークショップなどは、そこで生み出されたアイデアの事業化に必要な経営資源の動員を約束するもので

図表 18　新規事業部門への異動経緯と新規事業の業績の関係

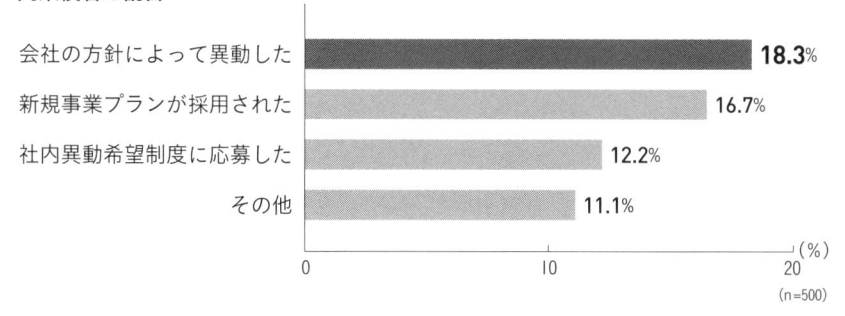

Q 新規事業は、本人希望でないとうまくいかない？

A 会社都合のほうが高業績者の割合が高い。

高業績者の割合

会社の方針によって異動した	**18.3**%
新規事業プランが採用された	16.7%
社内異動希望制度に応募した	12.2%
その他	11.1%

出所：田中聡・中原淳 (2017)「事業を創る人と組織に関する実態調査」

はありません。そうなれば「なぜ評価されたのに資金がおりない？」と提案した本人は憤り、やはり「新規事業プランなんか出しても無駄」と腐っていく運命を辿ります。

　つまり、資源動員の仕組みが整っていない段階では、どんなアイデアでも報われることはないのです。

　アイデアが採用されても成功につながるわけではないことは、図表18が示すデータを見ても明らかです。図表18は、独自調査の結果、新規事業部門への異動経緯と担当する新規事業の業績の関連を明らかにしたものです[26]。高業績者の割合が最も高いのは「会社の方針によって異動した」人（18.3%）です。「新規事業プランが採用された」人の割合は16.7%、「社内異動希望制度に応募した」人は12.2%であり、**会社都合で新規事業に関わる人のほうが実を結んでいる**ことがわかります。

26) ここでいう高業績者の定義は「担当する新規事業の業績予算対比120%以上の方」です。

この結果が示唆することは、新規事業プランコンテストや社内異動希望申請といった仕組みそのものが必ずしも意味を持たないということではありません。そうではなく、**事業を実行する段階で社内調整に苦戦した結果、思ったような業績を出せていない可能性が高い**ということを物語っているのです。つまり、**新規事業促進施策で重視すべきは、アイデアの良し悪しだけではなく、プラン採用後に資金や人員を動かせることを保証するメカニズムの有無なのです。**

　先ほど実例に挙げたサイバーエージェントは、「ジギョつく」を廃止して「あした会議」という新たな仕組みを導入しました。「あした会議」とは、役員がチームリーダーとなって社員とチームを組み、サイバーエージェントの"あした"をつくる新規事業案や課題解決案などを提案する１泊２日の合宿会議です。「あした会議」から生み出された新規事業は、2017年１月時点で売上累計700億円、営業利益100億円に上り、子会社28社設立という成果を上げています[27]。つまり、経営陣自らが新規事業にコミットし、優秀な若手社員とともに新規事業を創る、いわば**「経営による率先垂範型プロジェクト」のほうが未来につながる新規事業が生まれる**ということです。

　役員は事業や会社全体に対して俯瞰した視座を持ち、社内での影響力も高いため、比較的、資源を動員しやすい立場です。経営の勘所を抑えた成功確率の高いプランを計画でき、かつ人員や資金などの社内資源も確保しやすい役員がコミットすると、ぐっと成功確率が高まるのです。役員がコミットしているということは会社からの支援が確立されている、ある意味「お墨付き」の状態ですから、組織内のさまざまな資源を動員する上での負担も軽減されます。創る人に「アイデアを出せ」と要求するなら、同時に、決裁権のある経営幹部、あるいはネゴシエーション力の高い人員をつけないとダメなのです。

27）株式会社サイバーエージェントHP〈https://www.cyberagent.co.jp/way/features/list/detail/id=13188〉より.

　また、新規事業に必要な経営資源を動員し、アイデアを事業化できる体制が整ったとしたら、次に押さえておきたいのが**新規事業の成功・失敗の定義を事前に明確化する**ことです。通常、新規事業がすぐに利益を上げることは少なく、赤字の時期が続くものです。だからこそ、事業を開始する前に撤退基準を設け、経営層と創る人の間で合意しておくことが重要になります。

　それを明確化することもなく、いつまでも撤退しないでいると膨らみ続ける損失を前に担当者の不安は増大し、「責任をとって会社を辞めます」という事態にもつながりかねません。あるいは、ある日、突然に撤退判断を下せば、苦労して立ち上げた側からすれば「あと1年やれば成果が出たはず……」と憤りを感じ、他の会社で事業を立ち上げるために転職に踏み切るケースも珍しくありません。

　このことは新規事業が「成功」した場合でも同様です。事業が成功した場合には、より上位の役職を求めてくるかもしれません。また、場合によっては、経営の自由度や裁量権を求めて、分社独立化を迫ってくることも考えられるでしょう。そうした要求に対し、相応の評価を与える仕組みが整っていなければ、当然、担当者は不満を抱くことになります。

　つまり、新規事業は決して「アイデア勝負」などではなく、創出されたアイデアが実現されるまでのプロセスをいくつかの段階に分けて考える必要があるのです。それだけでは十分とは言えず、さらに、事業の成否の先にあるシナリオまでを見据え、それぞれの対策を打っていかないと、いずれアイデアが必ず腐るメカニズムになっているのです。

「事業を創る」には、いいアイデアを出せるかどうかではなく、出したアイデアを形にするために必要な資源やサポートが供給される構造が、組織内にあるかに尽きるのです。

ここまで読んでいただければ、新規事業の推進を妨げる要因が「人材の能力」のみと決めつけるには無理があると、おわかりいただけたでしょうか。さらに、「アイデアの創出」に課題を見いだしてワークショップやコンテストが狙った成果を上げられないことも容易に想像できます。

それでは、なぜ新規事業は社内の理解・巻き込みに苦戦するのでしょうか。そこには、成熟した組織が抱える構造上の問題が見てとれます。

ここでいう**「構造」とは、創る人や新規事業を取り巻く環境**のことを指します。例えば、**既存事業にとって新規事業は限られた会社の経営資源を奪い合うライバルと位置づけられるため、新規事業への風当たりは当然きついものになります。**また、新規事業は成功確率が見えない"博打的要素"が強いため、周囲からの批判を買いやすく、資源の動員に難色を示されることも少なくありません。こうした対立構造が新規事業推進の阻害になっていることは序章でお伝えしたとおりです。

経営陣はすでに実績を出している既存事業の価値観やルールをそのまま新規事業にも適用してしまいがちです[28]。そうした経営陣の姿勢が創る人のモチベーションを下げてしまう場合も少なくありません。

例えば、新規事業が参入しようとする市場の規模は、既存事業のそれと比較して小さく、参入初期に期待できる利益率もかつて既存事業を開始した当初と比べれば低いかもしれません。あるいは、新規事業が対象とする顧客層が、既存事業での得意先である資金力豊富な大企業とは異なり、新興系企業を相手にすることになるかもしれません。そうした際、既存事業での成功体験や経営慣行にとらわれ、つい新規事業の可能性を過小評価してしまう恐れがあります。

28) Johnson, M. W.（2010）*Seizing the white space: Business model innovation for growth and renewal*，Harvard Business Press（池村千秋訳（2011）『ホワイトスペース戦略ービジネスモデルの＜空白＞をねらえ』CCCメディアハウス）.

　さらに言えば、新規事業の芽を潰す組織風土という問題もあります。新規事業を経験した人がそもそも少ない組織では、よき理解者・支援者が社内にいるとは限りません。頼みの綱である経営者も、会社の屋台骨を支える既存事業の声を無視することはできず、新規事業に対する既存事業の姿勢や関わり方によって新規事業の未来は大きく左右されます。

　新規事業をめぐる対立構造、支えとして機能していない組織構造、育む養土とならない組織風土——こうした構造上の問題に目を向けないまま、いくら「これからは、我が社も新規事業に力を入れるぞ！」と意気込んで既存事業のエース人材に新規事業の命運を託したとしても答えは見えています。そんな「安直な大号令」が、創る人をもれなく「廃人」にしてしまうということを私たちは肝に銘じる必要があります。

4 創る人をもれなく「廃人」にする魔の見取り図

　ここまで、創る人が構造上の問題から経営資源の調達や社内関係者の巻き込みといったネゴシエーションで辛酸を舐めることについてお話ししました。いよいよ、創る人が歩む道のりに迫るべく、その全体像を見ていきましょう（図表19）。

　まずはスタート地点ですが、独自調査の結果では、創る人の約7割は「会社都合」による異動で新規事業の担当者になっています（図表20）。つまり、3人に2人は、ある日突然の辞令によって自分が予測していた既存事業内のキャリア道とは異なる道へ、背中を押される形で一歩踏み出すことになります。

　この突然の任命を受け、会社の未来を築くために、未知なる世界に一歩踏み出す姿は、さながら組織の支配者である経営者から世界を牛耳る“神”のお告げを受け、新世界に向かう“冒険者”のようです。新規事業への登用は、多くの場合、創る人当人の知らない場所で決まります。雲の上から“神”が“冒険者”を見いだすかのごとく、経営層は既存事業での働きぶりを見て新規事業を託すのにふさわしい素養や能力を見いだすことになります。

　こうして経営者に見いだされた創る人は「既存事業はもう斜陽だ。だから、優秀な君が我が社を救うような新規事業をどうか創ってくれ！」という経営者の思いとともに社運を託され、まるで“救世主”になったつもりで使命感を持ち、新規事業に臨むことになります。

図表 19　創る人が歩む「廃人へのロードマップ」

図表 20　新規事業への異動理由

Q 本人希望と会社都合。新規事業への異動に多いのはどっち？

A 3人に2人は会社都合による異動。
役職上位者になるほど、本人希望の割合が増える。

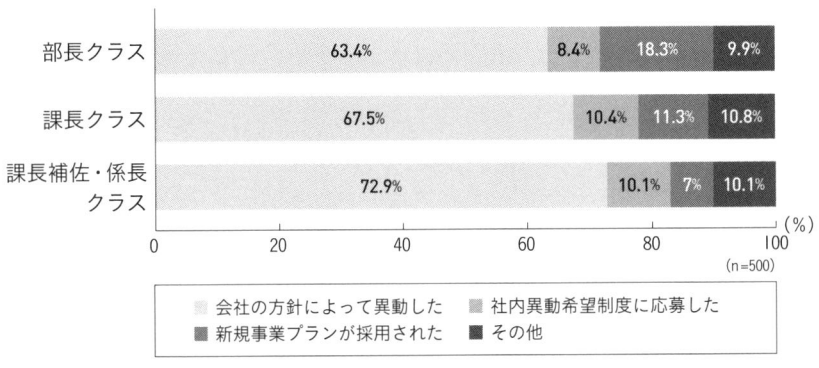

出所：田中聡・中原淳 (2017)「事業を創る人と組織に関する実態調査」

しかし、ここからが出口の見えない「悶絶」ロードの始まりなのです。

まず、神のお告げを受けた救世主気取りで、優雅にパラシュートに乗り、降り立った先は、なんと既存事業よりはるか低地に位置する「沼地」なのです。当初描いていた"既存事業を救う新規事業像"などただの見せかけで、実際には開拓するにも資源が足りず、既存事業からは「自分たちの稼いだ貴重な資金で、よくわからないことをしている」と罵られ、いつの間にか「既存事業の足を引っ張るお荷物部署」と見下されてしまうのです。

それならば自分を救世主に任命してきた"神"に頼るしかないと、経営者にアイデアを持っていけば、そこで待っているのは「おいおい、こんなありきたりのアイデアで大丈夫か？　クロ（黒字）になる見込みは確かなのか？」などダメ出しのオンパレード……。同志だと信頼を寄せていた上司は、権力を持つ既存事業や経営層の意向で、コロコロと日替わりで方針を変える"ノープラン風見鶏上司"であったり、日頃は失敗を恐れて近寄りもしないのに成功時にはすかさず俺の手柄だとやってくる"ドローン上司"であったりと、創る人の孤独は増すばかりです。

この権力の落差、そして、そこに広がる組織内政治こそ、創る人が苦しめられる本当の原因なのです。

こうして、新規事業部門にやってきた創る人は、いきなり沼地に追いやられ、さまざまな障害とジレンマと直面することになります。その障害は、既存事業や経営者、上司だけでなく、自分自身との葛藤とも向き合わねばならなくなります。

見通しがないものに体当たりしていても心身ともにすり減るばかりです。自分たちが今、右に向かっているのか左に向かっているのか、あるいは、上に向かっているのか下に向かっているのかもわからない。何をやっても手応えがなく何をやればよいのか方向性を見失ってしまう。そんな状態に多くの人は耐えることなどできません。

図表 21　本人希望による離任理由

Q 新規事業を離れるホンネの理由とは？

A 精神的・肉体的疲労や出世不安や評価不満などが約半数を占める。

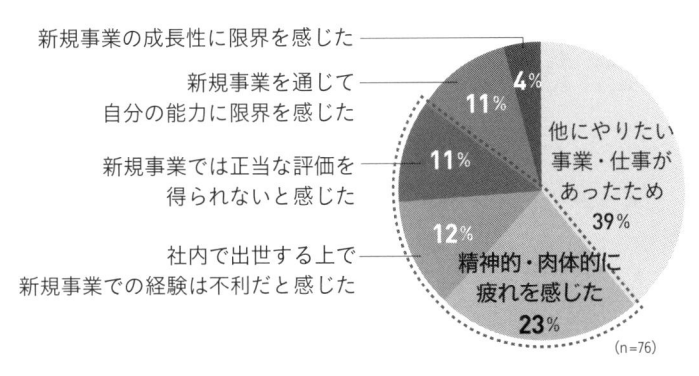

出所：田中聡・中原淳 (2017)「事業を創る人と組織に関する実態調査」

　図表21は、独自調査で、本人希望で新規事業を離れた対象者に対して、その理由を尋ねた結果です。本人希望による離任理由のうち、第1位の「他にやりたい事業・仕事があったため」の他は、第2位の精神的・肉体的な疲労（23%）に続いて、出世不安（12%）、評価不満（11%）が続きます。すなわち、**創る人が去っていく理由は新規事業そのものの失敗**ではなく、**新規事業をめぐる構造によるもの**なのです。

5 「事業を創る」は "三位一体"である

　ここまでご覧いただいたように、新規事業がうまくいかない現状を「人」の問題と決めるつける前に、創る人が活躍できないのはなぜなのか、その背景には組織の構造上の問題が潜んでいることをご理解いただけたかと思います。言い換えれば、この構造が改善されない限り、どんなに優秀な人であっても、もれなく沼地にはまって沈んでいってしまうということです。

　しかし、悲観することはありません。問題の全体像はすでに明らかになっています。事業を創るのに必要なのは、まず問題の全体像を把握すること＝すなわち事業創造にまつわる「見取り図」を持つことです。本書では、その見取り図を提供します。読者の皆さんは、この見取り図を手がかりに「先に進んだらこういう問題が起こる可能性が高いので、覚悟しておこう」と、事前のワクチンを打っておけば後々になって効いてきます。「来たぞ。今は見取り図でいう最初のジレンマにぶつかっているんだな。これを乗り越えれば次のステージに進めるんだ」という気持ちで状況を受け入れることができます。

　これまでにない新しい事業に挑戦するわけですから、創る人はもちろん、その上司や任命した側である経営者すらも、本来、新規事業が成功するかどうかはわかるはずがないのです。しかし、暗闇の中を独りで手探りで進むよりも、事業を創る過程で起こり得る障害を事前に予知する

ことができれば、創る人も進みやすくなり、支える人もコーチとして道筋を照らし、適切にサポートすることができるでしょう。

　創る人をもれなく廃人にしてしまう構造から目を背けることなく、創る人の成長とともに新規事業が成功していく構造へと変革していくことが重要です。そのためには、障害に立ち向かって乗り越える新規事業担当者（創る人）、担当者の進む道を妨げるものを取り除きながら伴走する経営層や上司（支える人）、そして新規事業担当者とその部門を見守り、人と事業が育つ土台となる会社組織（育てる組織）の**三位一体改革が重要**となります。このうちのひとつでも欠けてしまえば、新規事業は成り立ちません。創る人がジレンマを乗り越えるには、支える人のサポートと育てる組織がもたらすセーフティネットが必要です。

第1章 まとめ

▷「事業を創る」とは、「既存事業を通じて蓄積された資産・市場・能力を活用して、経済成果を生み出す活動」である。

▷新規事業がなかなかうまくいかないのは、個人の能力だけの問題ではなく、成熟した組織に見られる「構造上の問題」である。

▷さまざまな企業において「新規事業プランコンテスト」「イノベーション・ワークショップ」などのアイデアを重視した取り組みが多数行われているが、周囲の人々をどう巻き込んで進めていくのか、という問題に対する取り組みはあまり重視されていない。

▷事業を創る道のりは「茨の道」。1人で乗り切れるものではない。創る人個人に任せきっていては、新規事業は成功しない。

▷組織全体がこの構造を理解した上で、創る人・支える人・育てる組織が三位一体で機能する必要がある。

第2章

データで見る、創る人の実像

　前章では、新規事業の成否を分けるカギが「人」であることをお伝えしました。それでは、そもそも創る人とは一体どのような人たちなのでしょうか。本章では、学生時代における活動の傾向や、入社後のキャリア形成をデータで見ることで、創る人の実像に迫ります。創る人の過去をさかのぼり、その実状を知ることによって、今後どのような人に事業創造を任せるべきか、中長期にはどのような人材を自社に採用すべきか、を見つめ直すきっかけになるでしょう。

　また、後半ではイノベーション研究に関する理論から、どのような能力が新規事業を成功させるためには必要かを考えていきます。

1 入社前の実像
【学生生活編】

創る人の代表例として、アップルの創業者スティーブ・ジョブズの名前が挙げられます。画期的なデザイン性をパーソナルコンピュータにもたらしたMac製品は、またたく間に世界を席巻し、私たちの生活を一変させました。その立役者であるジョブズは大学に入学後、半年で退学しますが、退学後も大学へ通って哲学やカリグラフィーなど興味のある講座を"潜り"で受講していました。のちにジョブズはスピーチで当時カリグラフィーを受講した経験が「マッキントッシュ」を生み出すきっかけになったと語っています。これは、教育機関での多様な経験が、後々、事業を創る上で重要な原体験となることを示すエピソードです。

本章では創る人の実像に迫るため、最初に入社前の教育機関における活動に着目します。創る人がいったいどのような人材かを明らかにしておくことで、短期的には、どのような人に新規事業を任せればよいのか、中長期にはどのような人材を自社に採用したらよいのかがわかるでしょう。具体的には、**大学時代にリーダーシップを発揮した経験、社会人との交流機会、就職活動において重視したこと**、この3点に注目し、学生時代に見られる創る人の特徴を明らかにします。

大学時代から入社後の初期キャリアにおける各活動への取り組みや意識の実態を明らかにするため、筆者らは独自調査より入社10年未満の若手社会人1,000名を対象に分析をしました。ここでは、創る人とそうではない人を区別するため、**「入社10年以内に新規事業案または新商品・サービス案が採用された経験がある人（n=326）」**を創る人とします[29]。

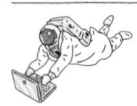

29）「入社10年以内に新規事業案、新商品・サービス案のいずれも採用された経験がない人（n=674）」を本書では「その他」と称しています。

図表 22　大学生活でリーダーシップを発揮している割合（基本活動編）

創る人ほど、大学での主な活動でリーダーシップを発揮している。

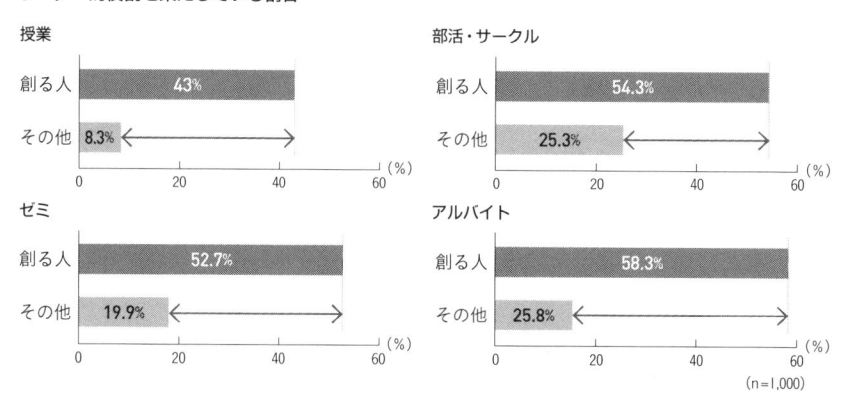

リーダー的役割を果たしている割合

出所：田中聡・中原淳 (2017)「事業を創る人と組織に関する実態調査」

リーダーシップを発揮していたか？

　新規事業を推進する上で最も重要になるのが周囲を巻き込むことだということは第1章でお伝えしたとおりです。周囲に新規事業の意義を伝えて理解してもらい、資源を調達して人を動かしてく。その仕事を行えると判断されて登用される人材は、リーダーシップを発揮できることが求められます。

　図表22をご覧ください。これは、大学生活の主たる4つの活動（「授業」「部活・サークル」「ゼミ」「アルバイト」）において、どの程度リーダーシップを発揮していたか[30]を尋ねた結果です。「授業」でリーダーシップを発揮した割合は創る人で4割と、その他（1割程度）と比較して約5倍の差がついています。また、「部活・サークル」については、創る人の約半数がリーダーシップを発揮していたと回答しているのに対して、そ

---

30) 調査票では、「あなたは大学に在学中、次の活動を行う上で主にどのような役割を担っていましたか。最もあてはまるものをそれぞれ1つ選んでください」という教示文を示し、「授業」「ゼミ」「部活・サークル」「アルバイト」の項目を提示しました。それぞれの活動に対して、「リーダー的役割」「リーダーを補佐する役割」を回答した人を、本書では「リーダーシップを発揮した」と定義しています。

の他はその半分程度に留まっています。「ゼミ」に関しても同様の傾向は見られ、リーダーシップを発揮したと答える割合は創る人で約半数、その他は2割程度に留まっています。「アルバイト」では、創る人で6割、その他で2割強と、さらにその差がはっきりと現れています。

このことから、**創る人は、大学時代の学生生活における授業内外の各活動で、リーダーシップを発揮している人が多い**ということが伺えます。

さらに、大学生活で「ビジネスプランコンテスト」「学生起業」「インターンシップ」というビジネスにまつわる3つの活動においてリーダーシップを発揮したか否かを示すのが図表23です。「ビジネスプランコンテスト」では、創る人の約3割がリーダーとしての役割で参加していたのに対し、その他はわずか3％強に留まり、その差は約8倍です。「学生起業」でも、ほぼ同様の傾向が見られます。「インターンシップ」に至っては、創る人が4割弱に対し、その他は1割も満たず、約9倍の差がついています。

こうしたデータから言えることは、**創る人は学生時代から積極的にビジネスに関連する場に参加するだけでなく、その場で意欲的にリーダーとしての役割を担う傾向が見られる**ということです。

最近では、企業が行うインターンシップだけでなく、大学が企業の事業課題をテーマにＰＢＬ（Project Based Learning）を導入するなど、学生の能動的な学びを促すアクティブラーニング型授業に積極的に取り組む動きが盛んに行われています[31, 32]。

それでは、創る人とアクティブラーニング型授業[33]への参加態度との関連はどのようなものでしょうか。

調査の結果（図表24）、創る人の6割程度がアクティブラーニング型授業に対して「意欲的に参加している」と回答しているのに対し、その他は2割強で約2.3倍の差がついています。この結果から、創る人ほど大学のアクティブラーニング型授業に意欲的に参加していると言えます。

31) 溝上慎一・成田秀夫 (2016)『アクティブラーニングとしてのPBLと探求的な学習』東信堂.

32) 舘野泰一・高橋俊之編、中原淳監修（近刊）『リーダーシップ開発論』北大路書房.

33) アクティブラーニング型授業は大きく分けて「課題探求型」と「課題解決型」に大別されます。溝上慎一 (2007) によれば、前者の課題探求型のアクティブラーニングは、主として自由テーマによる調べ学

図表 23　大学生活でリーダーシップを発揮している割合（ビジネス関連編）

創る人ほど、大学時代にビジネス関連活動でリーダーシップを発揮している。

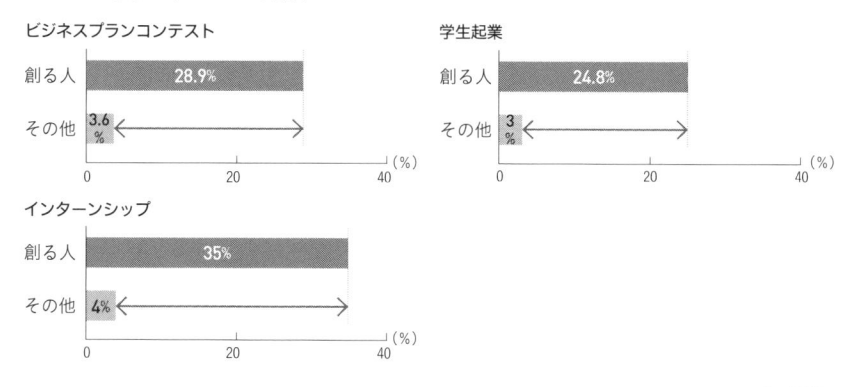

リーダー的役割を果たしている割合

(n=1,000)

出所：田中聡・中原淳 (2017)「事業を創る人と組織に関する実態調査」

図表 24　アクティブラーニング型授業へ意欲的に参加している割合

イノベーション人材ほど意欲的に参加している。

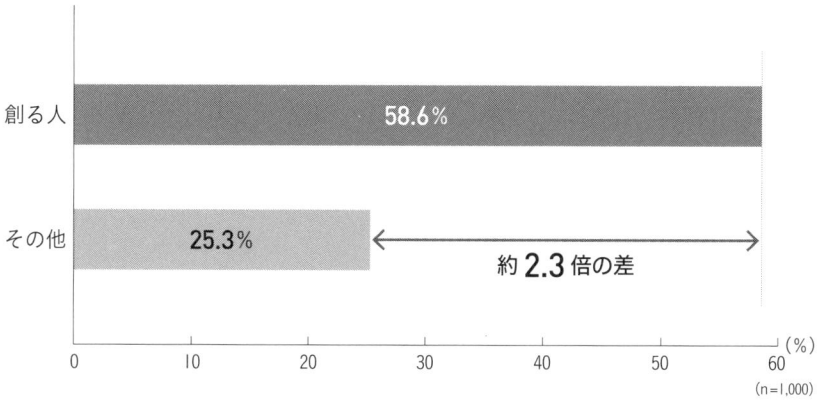

(n=1,000)

出所：田中聡・中原淳 (2017)「事業を創る人と組織に関する実態調査」

習で、最後の結論は学生の学習内容に依存する、いわゆるアウトプット型の学習です。他方、課題解決型のアクティブラーニングは、工学系や医学系学部の PBL に代表されるように、受講学生に課される課題のもとで学習を展開させる、いわゆるアウトカム型の学習です。

　次に、学生時代における社会人との交流機会を見ていきます。図表25は、大学時代に企業の社会交流頻度を調査したものです。創る人の３割が会社員との関わりがあったと回答したのに対し、その他のそれは１割程度です。このことから、**創る人ほど大学時代から社会人との関わりが多い**ことがわかります[34]。

　新規事業とは、異質な知を組み合わせて新たな価値を生み出すという行為に他ならないため、多様な知を持つ人との繋がりは創る人にとって必要不可欠な資本となります[35]。

　そのことを裏づけるかのように、イノベーターを調査した先行研究[36]においても「ネットワーク力」の重要性が指摘されています。同研究によれば、創る人は多様な考え方やバックグラウンドを持つ人たちとの幅

図表 25　会社員との交流機会

創る人ほど、大学時代に会社員との関わりが多い。

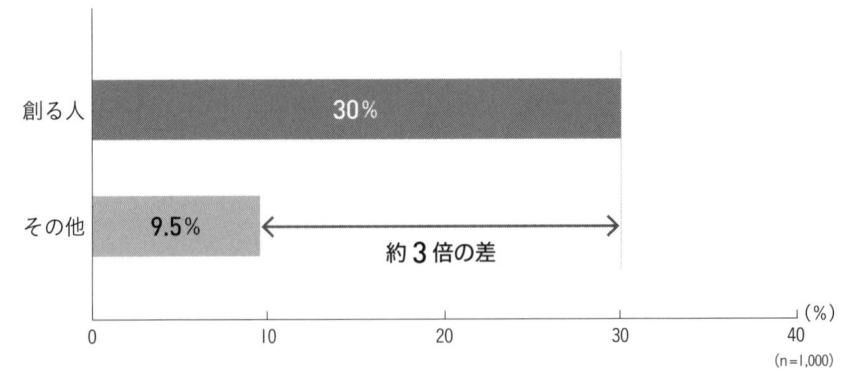

「関わりがあった」と回答した割合

創る人　30％

その他　9.5％　　約3倍の差

0　　　10　　　20　　　30　　　40　(%)
(n=1,000)

出所：田中聡・中原淳 (2017)「事業を創る人と組織に関する実態調査」

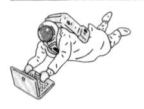

34) 社会人の中でも特に大企業の経営者との関わりについては、創る人の約２割が交流したのに対し、その他では、わずか1.8%という結果で、約10倍以上の差がついています。
35) Schumpeter, J.（1926）*Theorie Der Wirtschaftlichen Entwicklung*，Dunker & Humblot（塩野谷祐一・中山伊知郎・東畑精一訳（1977）『経済発展の理論』岩波文庫）.

広いネットワークを通じて、新しいアイデアを見つけたり試みたりすることにかなりの時間と労力を費やしていることがわかっています。

　今回、私たちが行った独自調査の結果から、こうした**社会関係資本を学生時代のうちから形成・蓄積しておくことが、入社後に創る人となる上で重要なカギになる**と考えられます。

就職活動で何を重視していたか？

　3つ目として就職活動に着目します。大学卒業後にそのまま起業するという選択肢もある中で、創る人は何を重視して既存企業で働くという選択を行ったのでしょうか。

　ここでは、就職活動で創る人とその他がそれぞれ何を重視したか、その違いについて見ていきます。就職活動で重視している点は、職場や仕事に何を期待しているかの表れです。もちろん、期待するものもさまざまにあるでしょうが、**安定志向**と**挑戦志向**という2つのタイプに分けることができます。難しい仕事よりも気楽な仕事をして安定して働きたいと考える人にとって、新規事業を望むはずもなく、また務め上げることも難しいと考えられますが、実際のところどうなのでしょうか。

　79ページの図表26が示すデータでは、安定志向を示す「安定した会社や勤め先」「高い給与やボーナス」「休日多い・勤務時間短い」「仕事の気楽さ」「通勤の便利さ」と、挑戦志向を示す「困難な仕事に挑戦する機会」「仕事上の責任の重さ」「能力が試される機会」「仕事を通じた勉強・成長」「自力で成し遂げる機会」の10項目を用意し、それぞれに対して5件法[37]で尋ねました。

---

36) Christensen, C. & Dyer, J.（2012）*The Innovator's DNA: Mastering the Five Skills of Disruptive Innovators*，Harvard Business School Press（櫻井祐子訳（2012）『イノベーションのDNA——破壊的イノベータの5つのスキル』翔泳社）.

調査の結果、安定志向に関する項目では、創る人とその他の間に大きな差は見られませんでした。新規事業をリードする人材というと、安定性を度外視して積極果敢にリスクをとって新しいことにチャレンジするという人物像として表現されがちですが、この結果からは相応の安定性を求めて就職活動を行っているという新たな一面が浮かび上がってきました。

　一方、挑戦志向を示す5項目では、いずれも創る人のほうがその他よりも「あてはまる」と答えた人の割合が高く差が見られます。つまり、創る人ほど自分の能力を試せる難しい仕事に挑戦することで成長したいという思いを持って就職活動に臨んでいる割合が多く、就職してからも創る人として登用されている傾向が確認されました。

　図表27が示す大学時代の起業意識に関しても同様の傾向が見られます。起業への意欲を示す「起業家というキャリアは魅力的だと思っていた」などの5つの項目でいずれも「あてはまる」「ややあてはまる」と回答した人の割合は、創る人のほうがその他より高くなっています。

　ここで「創る人は、なぜ起業という選択肢を選ばなかったのか?」という疑問が湧いてきます。しかし、先に見た安定性を志向するという結果を重ねて見ると、雇用の安定性を確保しつつも新たな事業を興すことができるという点に魅力を感じて、既存企業への就職を志向するという創る人の人物像が浮かび上がってきます。

37)「重視している」「やや重視している」「どちらとも言えない」「あまり重視していない」「重視していない」の5つから回答を選んでもらいました。

図表 26　就職活動で重視していること

創る人ほど、挑戦的な機会を求める傾向がある。

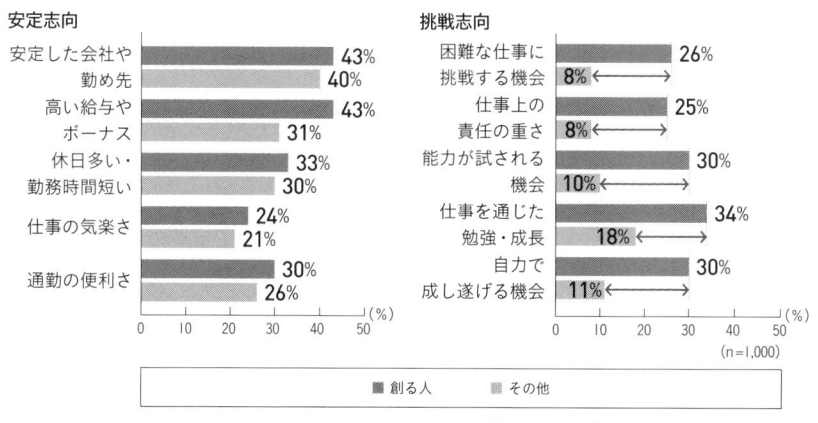

※「重視している」「やや重視している」を合計した割合
出所：田中聡・中原淳 (2017)「事業を創る人と組織に関する実態調査」

図表 27　大学時代の起業意識

創る人ほど、将来の起業に対する意欲が高い。

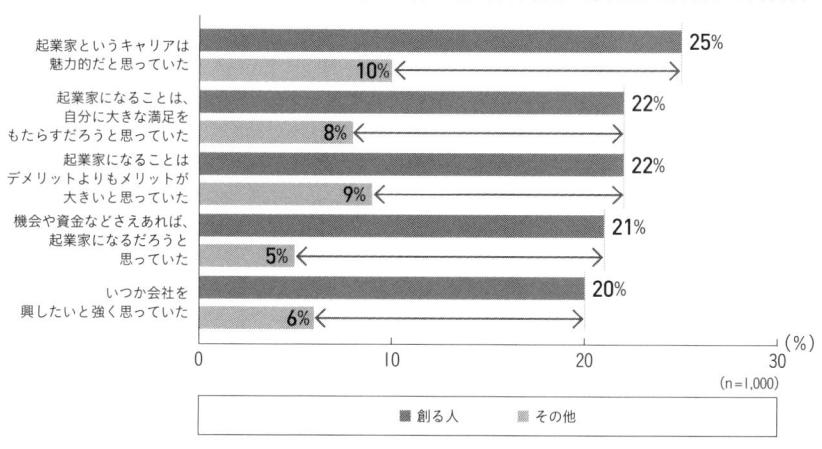

※「あてはまる」「ややあてはまる」を合計した割合
出所：田中聡・中原淳 (2017)「事業を創る人と組織に関する実態調査」

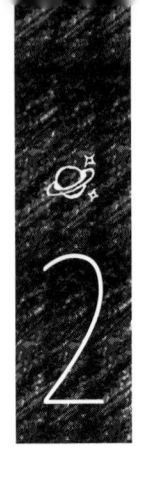

2 入社後の実像
【初期キャリア編】

　ここまで、学生時代の生活にさかのぼり、個人の行動特性や志向性を
データで見た結果、創る人とその他との間にはすでに多くの点で違いが
見られることがわかりました。企業で新規事業を立ち上げる創る人に共
通して見られる特徴として、①**大学生活における授業内外での活動にお
いてリーダーシップを発揮している**、②**大学時代から社会人と関わる機
会が多い**、③**安定性も求めつつ挑戦的な仕事環境を求めて就職活動をし
ている**といった傾向が確認されました。

　いよいよ、ここから入社後の実像に迫っていきます。学生時代から積
極的にリーダーの役割を務めて社会人との交流とチャレンジ精神を持つ
ような人材であれば、入社後すぐにでも創る人として活躍できるのでは
ないかという印象を受けますが、実際、入社後どのようなキャリアを歩
んでいるのでしょうか。また、入社後のキャリアが新規事業にどう影響
しているのかについても見ていくことにします。

どんな業務経験を積んでいたか？

　第1章で創る人にとって「ネゴシエーション力」が大切だとお話しし
ましたが、そうなると、既存事業でのキャリアはそれなりに豊富であっ
たほうがよいと予測できます。

図表 28　事業を創る前に経験するキャリアの特徴

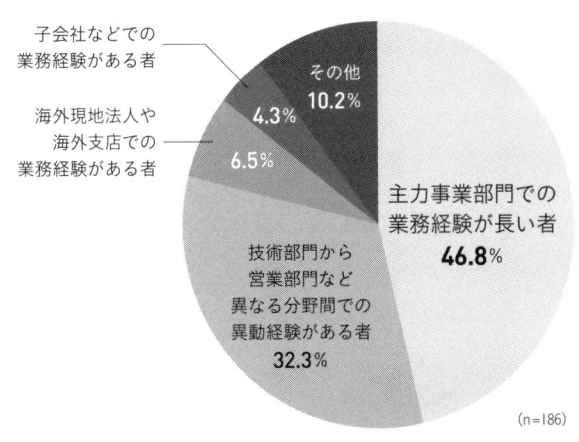

大企業における新規事業の主な担い手は、「主力事業部門出身者」。

子会社などでの
業務経験がある者

海外現地法人や
海外支店での
業務経験がある者

その他
10.2%

4.3%

6.5%

主力事業部門での
業務経験が長い者
46.8%

技術部門から
営業部門など
異なる分野間での
異動経験がある者
32.3%

(n=186)

出所：経済産業省 (2012)「新事業創造と人材の育成・活用に関するアンケート調査」を筆者修正

　図表28は、どの業務経験が長い人が新規事業の担い手となっているか
を示したデータです[38]。これまで歩んできたキャリアとして最も多いの
が「主力事業部門での業務経験が長い」で、全体の半数近くを占めてい
ます。次に多いのが「技術部門から営業部門など、異なる分野間での異
動経験がある」で約３割です。

　このことから、**新規事業の担い手のメインは主力事業部門出身者**であ
ることがわかります。これは、第１章でお伝えしたように、主力事業で
期待される人材が登用される傾向があるようです。また、異なる分野間
での異動経験がある人が２番目に多いことの背景には、事業の企画・開
発から展開・販売に至る一連の新規事業プロセスを俯瞰できる視野の広
さが新規事業の担い手には求められることが影響しているものと考えら
れます。

38) 経済産業省 (2012)「新事業創造と人材の育成・活用に関するアンケート調査」.

既存事業での豊富なキャリアは「武器」になるか？

　主力事業での業務経験が長い人ほど創る人に登用されやすいという背景には、既存事業で実務経験を積んだベテランであれば、新規事業を任せても大丈夫という経営・人事側の安心感があるのかもしれません。

　実際では、既存事業のキャリア年数と新規事業の業績（「高業績者」「中業績者」「低業績者」[39]）に関連があるか見ていきましょう。

　独自調査の結果（図表29）によれば、既存事業でのキャリアがない「未経験者」の場合、低業績者の割合は42.2%と４割を占めますが、「１年未満」となると18.2%と２割程度まで下がります。このことから、**既存事業の経験はないよりあるほうがいい**と言えます。

　しかし、興味深いことに、さらに在籍年数が増えると話が変わってきます。既存事業での在籍年数が「１〜５年未満」になると低業績者の割合は26.4%で「１年未満」の18.2%と比べ８％近く増加し、「５〜10年未満」「10〜20年未満」になるとどちらも25.9%とほぼ変わらない割合を維持します。さらに、「20年以上」となると低業績者の割合は30.3%にまで増加します。

　以上の結果から、既存事業でのキャリアはまったくないよりはあるほうがいいが、経験豊富なベテランには低業績者の割合が多く、注意が必要であるという示唆が導き出されます。**既存事業での豊富な経験が新規事業を立ち上げる上で足枷になる**というこの結果は、一体何を意味しているのでしょうか。

　一般的に、人は同じ組織集団の中に長くいると「**過剰適応の罠**」[40]や「**能動的惰性**」[41]にとらわれる可能性が高くなると言われています。過剰適応とは、組織特異の慣行やルールに慣れて盲目的に適応してしまうことで生じるデメリットのことを指します。

39) 本書では、担当している新規事業の予算達成率が120%以上である人を「高業績者」、80%以上120%未満である人を「中業績者」、80%未満である人を「低業績者」と定義します。
40) Chao, G. T. (1988) "The socialization process：Building newcomer commitment" *Career Growth and Human Resource Strategies*，31-47.

図表 29 既存事業の在籍年数と新規事業の業績との関連

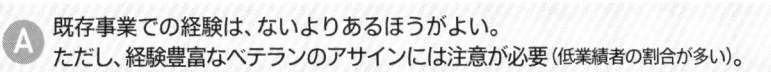

Q 既存事業での経験は「武器」か？ それとも「足枷」か？

A 既存事業での経験は、ないよりあるほうがよい。
ただし、経験豊富なベテランのアサインには注意が必要（低業績者の割合が多い）。

低業績者の割合

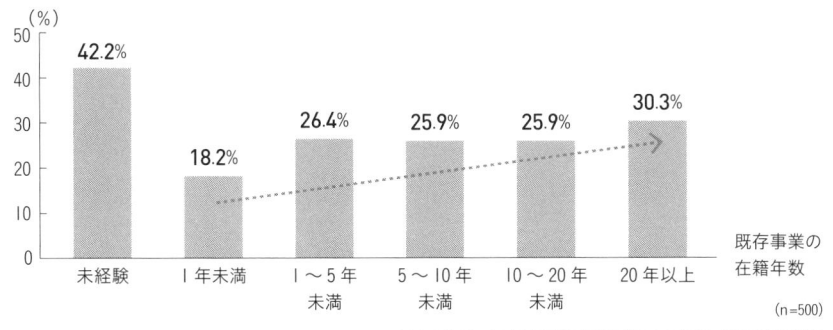

出所：田中聡・中原淳 (2017)「事業を創る人と組織に関する実態調査」

　例えば、詳細なKPIを設定して事業管理することで既存事業を拡大してきた企業では、事業管理することが目的化し、立ち上げ間もない新規事業でも同様の事業管理をしようとして業務の生産性が低下してしまうようなケースを指します。また、能動的惰性とは、過去の成功体験に固執し、それを永遠に繰り返そうとする個人の状態を意味します。同じ組織に長く在籍することで、知らず識らずのうちに過剰適応が進行し、図らずも能動的惰性を獲得してしまった個人が新規事業で成果をなかなか出せない……ということは、容易に想像できるでしょう。

　創る人の入社後のキャリアの特徴を見ると、主力事業でも業務経験が長い人が多い一方、そうした経験豊富なベテランには低業績者の割合も多いことがわかりました。このことから「主力事業で実績を出してきたベテランならば安心して新規事業を任せられる」というのは、やや的外れな期待であることがおわかりいただけるでしょう。特に、キャリア豊富なベテランについては、過剰適応の罠や能動的惰性に陥っている可能性を事前に検討した上で新規事業の担当者を選定することが重要です。

41) 松尾陸 (2011)『「経験学習」入門』ダイヤモンド社.

3 「成功する」創る人の特徴

　ここまで、学生時代から入社後のキャリアに至るまでデータを追うことで、創る人の特徴を見てきました。その結果、新規事業に登用される人には入社前から創る人としての素養を持っている傾向が明らかになりました。さらに、新規事業で高業績を出している人の特徴として、入社後には既存事業でのキャリアを経験し、既存事業の仕組みや会社全体の組織内地図を十分に把握した上で新規事業にチャレンジしている傾向が確認されました。

　ここからは、創る人に共通する物事の考え方や行動面の特徴について見ていくことにします。

「バカな」を「なるほど」に変える

　これまで何度もお伝えしてきたように、新規事業とは「革新的なアイデア」と「組織のさまざまな資源を動員するプロセス」の2つが成り立たないと成功することはありません。しかし、この2つを同時に実現することは容易ではありません。なぜなら、両者の間には「**革新的なアイデアであればあるほど、資源を動員しづらい**」という大きな矛盾があるためです。

　革新を起こすほどのアイデアというのは、周囲の理解を得られないほど尖っていて、「そんなバカな！」と受け入れられないことが多分にあ

42) 軽部大（2017）「イノベーションを見る眼──周縁と変則」『一橋ビジネスレビュー』64(4), 44-55.
43) Kanter, R. M.（1988）"When a thousand flowers bloom" *Research in Organizational Behavior*, 10, 169-211.

ります。会社側には、利益が出るかどうか不確実なものに対して、なかなか投資できないという心理が働きます。そのため、博打打ちのような資源動員にはどうしても及び腰になってしまうのです。

一橋大学の軽部大氏は、こうした**イノベーションの実現プロセスを「事前の『バカな（非常識）』が事後の『なるほど（常識）』に結実する過程である」**と表現しています[42]。

創る人には、まさに「革新的なアイデア」と「組織のさまざまな資源を動員するプロセス」の間にあるトレードオフの関係を乗り越え、「バカな」を「なるほど」に変換させる動きが求められているのです。

尖った一匹狼より、周りを巻き込む交渉人

先行研究によると、**アイデアが成功するには、そのアイデアが成功する見通し（アイデアの質）よりも、そのアイデアに政治的な支援を集められるかどうかに関する見通しのほうが重要である**ことが指摘されています[43]。

言い換えれば、新規事業が失敗する原因は、大抵の場合「アイデアの実行」における政治的なプロセスにあり、せっかく創出したアイデアが交渉や根回しの段階でつぶされてしまうことが多いのです[44]。

イノベーション創出に関するトレードオフは、イノベーション研究ではよく知られている事実です。1980年以降、イノベーション研究の進展によって、アイデアの実行に関わる政治的なプロセス、要するに“事前の根回し”が重要だという認識が広まることになりました[45]。

国内製造業における新規事業を対象にした先行研究[46]では、創る人の多くが周囲を巻き込んで資源動員を正当化するための「理由」を工夫していることが明らかにされました。ここで非常に興味深いのが、**資源動員を正当化するために用いる理由自体が、事業を創る過程で“進化”したり、あるいは“創作”されたりすることが頻繁にある**ことです。

44) Baer, M.（2012）"Putting creativity to work：The implementation of creative ideas in organizations," *Academy of Management Journal*, 55(5), 1102-1119.
45) Van de Ven, A. H.（1986）"Central problems in the management of innovation" *Management Science*, 32(5), 590-607.
46) 武石彰・青島矢一・軽部大（2012）『イノベーションの理由——資源動員の創造的正当化』有斐閣.

創る人だからといって、その事業アイデアの持つ可能性や社会的なインパクトの全てを当初から理解しているわけではありません。むしろ、半信半疑で始めた新規事業が徐々に進展し、多様な人と接する過程で事業の新しい意味や価値が発見されていくことのほうが一般的なのです。つまり、創る人の経験と学習を通じて、周囲を巻き込み、資源を動員するために用いている理由が進化するということです。そうして、当初は支持を得られなかったさまざまな関係者からの同意を取りつけ、資源動員が実現するようになるのです。

　成功するかどうかの予測が立たない新規事業に対して資源を動員するメリットを伝えて関係者を説得することは大変難しいことです。それでも、ひとまずは関係者の共感を呼ぶ「固有の理由」をひねり出し、自らそれを信じて周囲を説得する行動が、創る人には求められるのです。

　こうした創る人の行動は、周囲から見れば"ハッタリ"のように見えるため、時には嘲笑されたり、批判を受けたりすることもあるでしょう。しかし、革新的なアイデアだけであればいつまで経っても「バカな」は「バカな」のままです。リーダーシップや巧みなネゴシエーションスキルを持っている人だけが「バカな」を「なるほど」に変えられるのです。要するに、**事業を創って成果を出すのは「単なるアイデアマン」ではなく「優れた交渉人」であり「巧みな理由づくり職人」**なのです。

あり合わせ料理の達人、エフェクチュエーター

　今度は、新規事業を成功させる創る人の思考特性について見てみましょう。イノベーターには独自の思考様式があるという研究があります。インドの経済学者サラス・サラスバシーは、一般のオペレーションビジネスは大概「**コーゼーション**（Causation）」という思考モデルに基づいているが、起業家においてはそうではなく、「**エフェクチュエーション**

（Effectuation）」という思考モデルに基づいている場合が多いという研究結果を発表しています[47]。

コーゼーションとは、まずは決定要因の秩序を理解してから実行するという段階を踏む思考様式です。典型的な例としては、「PDCA」のような「何かを計画し、準備し、実施し、評価する」といった考え方があります。いわば因果に基づいた"お膳立てモデル"とでも言うべき思考様式です。まず「これを創りたい」という明確なゴールを設定し、そのゴールからさかのぼって必要な資源やたどるべき行動計画を立て、段階ごとに実行して評価する、戦略的かつ合理的な思考法なのです。

その対極にある考え方がエフェクチュエーションです。こちらは、まずは実行してから決定要因の秩序を理解するという段階を踏みます。行動ありきの、言ってしまえば「ゴールイメージがなくても、とりあえずありものを合わせてなんとかやってみる」という"あり合わせモデル"です。新規事業のように、人材も資金も限られている状況下でも「今ここにあるものでできることは何か」と考えてとりあえずやってみる、という挑戦的かつ柔軟な発想ができます。

コーゼーション・シンキングをしている人は「中期的な経営計画を策定し、利益が最大化する戦略をとる」「経営資源などを全て可視化してからそれらを活用する戦略をとる」など、事前の調査・分析をきっちり行ってから綿密な事業戦略を組み、そのとおりに事業を進めていきます。

反対に、エフェクチュエーション・シンキングをしている人は、事業の立ち上げから明確なイメージなど持たず、そもそも「事業は偶然の機会によって発展していくものだ」という認識に基づいて動きます。

そのため、効率よりも柔軟性を意識して、予期せぬ機会をキャッチすることに力を注いだり、利益よりも損失額の大きさを考慮しながら意思決定をしたりする。つまり、「事業の創出・推進においては常に一定の不確実性を伴う」ということを前提にして動いていくことが可能なわけです。

47) Sarasvathy, S. D. (2001) "Causation and effectuation: Toward a theoretical shift from economic inevitability to entrepreneurial contingency," *Academy of Management Review*, 26(2), 243-263.

エフェクチュエーションは、コーゼーションのような"お膳立てモデル"ではありません。「これをやればこれが成功する」という因果に基づいた発想をせず、「今あるものをいかにくっつけていき、おぼろげながらでも形づくっていく」「形づくることができたら成功するのかというとそれもわからないが、とにかくやってみないことには始まらないし、成功もないだろう」という発想をする。いわば、起業家は「コンセプト料理（コーゼーション）」ではなく、「あり合わせ料理（エフェクチュエーション）」をつくっているようなものなのです。

一方、サラスバシー自身が指摘しているように、新規事業は全て「あり合わせ料理」型エフェクチュエーションモデルで進めたほうがうまくいくかというと、必ずしもそういうわけではありません[48]。例えば、既存事業で培った技術ノウハウや販売チャネルなどを活用するために既存事業に協力を要請する場合、既存事業にとって関与するメリットをコーゼーションの発想で考え、想定利益を算出して説得を試みるといったコミュニケーションも重要になります。

結局のところ、特に既存企業における新規事業においては、コーゼーションもエフェクチューション、どちらも必要な思考法であり、状況に応じて使い分けていく必要があります。

ただし、一般的な企業の新規事業の現場では、PDCAのように「ビジネスの正しい進め方」として周知されているコーゼーションモデルをそのまま踏襲して、新規事業を回そうとするケースが多いのではないでしょうか。「これを使ってこれをやれば売上はこれだけ立つだろうから、それを使ってあれをやって……」という因果に基づいた思考法です。そういった従来の"コンセプト料理"型思考に慣れきってしまった社員が、突如、不確実なことだらけの新規事業部門に配属されたとすると、そこで直面するジレンマは想像に難くありません。

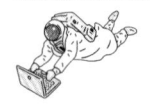

48) Sarasvathy, Saras D. (2008) *Effectuation: Elements of Entrepreneurial Expertise.* Cheltenham, Gloucestershire, UK: Edward Elger Publishing Limited（加護野忠男　監訳・高瀬進・吉田満梨訳（2015）『エフェクチュエーション──市場創造の実効理論』碩学舎）.

　創る人を既存事業の中から選抜する際に、エフェクチュエーション・シンキングを持ち合わせた人材を登用することができれば、それに越したことはありませんが、既存事業で活躍する人の多くはコーゼーション・シンキングを持つ人でしょう。そこで、新規事業部門に配属された創る人は、まず"コンセプト料理"型思考を解きほぐし、"あり合わせ料理"型思考法を積極的に取り入れていく必要があります。

第2章 まとめ

▷ 創る人は、大学時代からリーダーシップを発揮し、社会人との交流機会も豊富で、入社後しばらくは既存事業でキャリアを歩む傾向がある。

▷ 既存事業での経験は「社内人脈を得る」「組織内地図を理解する」上では、有効である（が、長すぎると「過剰適応の罠」に陥りがちなので要注意！）。

▷ 事前の「バカな」を事後の「なるほど」に変換する事業創造プロセスを可能にするには、周りを巻き込んで資源を調達する「ネゴシエーター」と、限られた資源の中で"あり合わせ料理"をつくれる「エフェクチェエーター」の要素を兼ね備えておく必要がある。

第 3 章

創る人を発掘し、任せる

　第2章では、創る人の実像に迫りました。そこから見えてきた人物像は、意外にも、近寄りがたい一匹狼ではなく、社内ネットワークを駆使して周囲を巻き込みながら"あり合わせ料理"をつくる組織人でした。新規事業を率いる、いわゆるイノベーション人材が「組織人」であるイメージは、世の中に流布するイメージとは真逆です。イノベーションを起こす人材は"近寄りがたい一匹狼"ではないのです。

　それでは、私たちは、そうした人材をどのように見極めて登用すればよいのでしょうか。本章では、いよいよ創る人を選び、任せるという段階でのポイントについて見ていくことにしましょう。

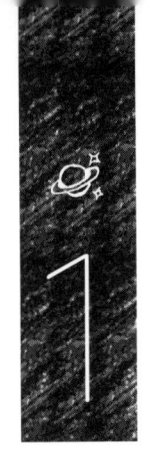

1 創る人の選び方

　社内ネットワークを駆使して周囲を巻き込みながらあり合わせで料理をつくる組織人を発掘すべく、まずは創る人の選び方を探ることにしましょう。

　・新規事業に対して前向きであれば、成功するのか？
　・業績志向であれば、確実に成果を出すのか？
　・新規事業の経験があれば、成功確率は上がるのか？

　この3点を切り口にデータに基づいて発掘の際に見るべきポイントを確認していきます。

実力は確かでも後ろ向きのエースに任せてはいけない

　新規事業を任せる上でまず気になるのは、本人の意欲の問題でしょう。そもそも新規事業への異動に対して、本人は事前にどのようなイメージを持っているのでしょうか。新規事業への異動が決まったとき、前向きにとらえていたか、あるいは、後ろ向きにとらえていたか、独自調査で質問したところ、回答者の約半数にあたる人々が前向きにとらえており、後ろ向きにとらえていたのは約1割という結果でした（図表30）。

図表 30　新規事業に対する着任前の本人のイメージ

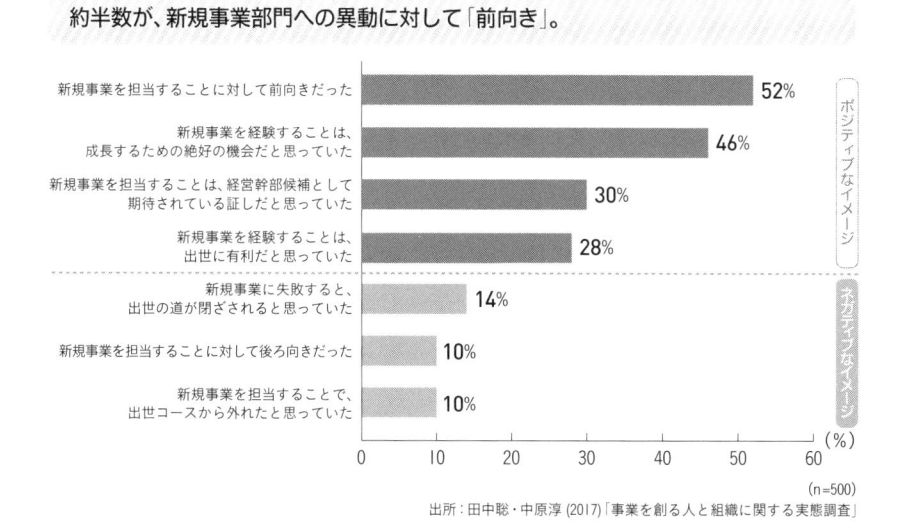

約半数が、新規事業部門への異動に対して「前向き」。

項目	%
新規事業を担当することに対して前向きだった	52%
新規事業を経験することは、成長するための絶好の機会だと思っていた	46%
新規事業を担当することは、経営幹部候補として期待されている証だと思っていた	30%
新規事業を経験することは、出世に有利だと思っていた	28%
新規事業に失敗すると、出世の道が閉ざされると思っていた	14%
新規事業を担当することに対して後ろ向きだった	10%
新規事業を担当することで、出世コースから外れたと思っていた	10%

(n=500)
出所：田中聡・中原淳 (2017)「事業を創る人と組織に関する実態調査」

　それでは、新規事業に対する事前のイメージや異動に対するモチベーションと新規事業の業績にはどのような関連があるのでしょうか。一般的に考えれば、前向きに新規事業への異動を受け止められる人材であれば、新規事業の業績も高くなると思えます。

　新規事業に対する事前のイメージが新規事業の業績に与える影響について詳しく見るために、重回帰分析と呼ばれる統計的手法を用いて因果関係を検証しました。重回帰分析とは、簡単に言えば、ある結果に対して２つ以上の要因が影響していると想定されるとき、それぞれの要因が結果に対してどの程度の強さで影響しているかを明らかにする分析手法です。

　新規事業への異動に対する**ポジティブなイメージ**として「前向きだった」「成長するための絶好の機会だと思った」「経営幹部候補として期待されている証しだと思った」「出世に有利だと思った」の４項目、**ネガティブなイメージ**として「出世の道が閉ざされると思った」「後ろ向き

だった」「出世コースから外れたと思った」の３項目を用意し、それぞれの項目が新規事業に対してどのような影響を与えるのか、分析した結果が図表31です。

分析の結果、ポジティブなイメージ４項目のうち**「成長するための絶好の機会だと思った」という項目のみが新規事業の業績を高める影響がある**ことがわかりました。「前向きだった」「経営幹部候補として期待されている証しだと思った」「出世に有利だと思った」という項目では、業績を高める影響は見られなかったのです。

他の３項目で影響が見られなかった理由には次のようなことが考えられます。出世や将来の期待を気負いすぎるあまり、本領を発揮できないということもあるかもしれませんが、意気揚々と新規事業へ旅立つ姿を古巣の部署の人たちから白い目で見られ、その後に助けを得られないといった支障が出てしまっては業績が出るはずもありません。

また、新規事業を立ち上げる原動力を出世や昇進といった「外部からの評価」に頼ることの限界を指し示している結果とも読みとれます。

同じ前向きさでも、「成長するための絶好の機会だと思った」のみが新規事業の業績を高める影響があることからは、出世や昇進ではなく、成長を求めて新規事業にチャレンジする人ほど、成果を出しやすいという興味深い結果が明らかになったと言えます。

この結果から、**事業を創るプロセスから学ぼうとする内発的な成長意欲こそが、新規事業を成功に導く原動力となっている**ことが伺えます。

同様に、ネガティブなイメージを見てみると、こちらも興味深い結果が出ています。「後ろ向きだった」は新規事業の業績を下げる影響があるのに対し、**「出世コースから外れたと思った」は新規事業の業績を上げる影響がある**ことがわかりました。

49) Payne, S. C., Youngcourt, S. S., & Beaubien, J. M.（2007）"A meta-analytic examination of the goal orientation nomological net," *Journal of Applied Psychology*，92，128-150.
50) Dweck, C. S., & Leggett, E. L.（1988）"A social-cognitive approach to motivation and personality," *Psychological Review*, 95, 256-273.

図表 31　新規事業に対する事前のイメージと新規事業の業績の関連

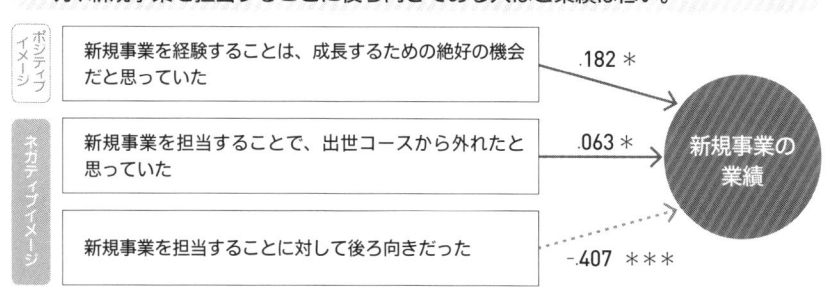

新規事業を成長の機会だと、とらえている人ほど成果を上げている。
一方、新規事業を担当することに後ろ向きである人ほど業績は低い。

ポジティブ
イメージ

新規事業を経験することは、成長するための絶好の機会
だと思っていた　　　.182 ＊

ネガティブイメージ

新規事業を担当することで、出世コースから外れたと
思っていた　　　.063 ＊

新規事業の
業績

新規事業を担当することに対して後ろ向きだった
-.407 ＊＊＊

注１：統制変数には「性別、業種（ダミー）、役職（ダミー）、新規事業タイプ（ダミー）、新規事業の規模、部下の人数、既存事業での業
　　　務経験（ダミー）、過去の新規事業経験（ダミー）」を投入し、独立変数を「前向きだった」「経営幹部候補として期待されてい
　　　る証しだと思った」「出世に有利だと思った」「成長するための絶好の機会だと思った」「後ろ向きだった」「出世コースから外
　　　れたと思った」「出世の道が閉ざされると思った」とし、「新規事業の業績」を従属変数とした重回帰分析を行った（Adjusted
　　　R^2=.091）。
注２：矢印の実線はプラス（正）の影響を示し、破線はマイナス（負）の影響を示している。矢印の上にある数値は影響度（β）の強
　　　さを示している。
注３：数値の隣の＊は 10% 有意水準、＊＊＊は 1% 有意水準を表す（有意水準は数値が小さいほど、示された関係が統計的に意味
　　　がある可能性が高いことを示す）。

　この結果は、筆者らにとっても予想外の内容でしたが、出世コースか
ら外れたという自己認知が、出世競争という内向きな集団意識のアンイ
ンストールを促し、社外に広がる「異質の知」の獲得や、リスクをとっ
てチャレンジする行動を促進していると考えれば、新規事業で成果を上
げるという結果につながることもうなずけます。

業績志向人材と成長志向人材、 どちらに任せるべきか？

　続いて、目標志向性について見ていくことにしましょう。

　目標志向性とは、ある課題を達成するためにどのような仕事の目標を
設定するかという個人の選好のことを言います[49]。
　これまでの先行研究から、仕事に対する目標志向性は、**「業績志向」**
と**「成長志向」**の２タイプに分けられることがわかっています[50, 51]。業

51) Button, S. B., Mathieu, J. E. & Zajac, D. M. (1996) "Goal orientation in organizational research: A conceptual and
　　empirical foundation," *Organizational Behavior and Human Decision Processes*, 67(1), 26-48.

績志向人材の特徴は、周囲から自分自身の能力を高く評価されることに重きを置き、業績を上げることに意欲を燃やす特徴があります。一方、成長志向人材の特徴は、業績志向とは違って周囲からの評価は気にせず、自分自身の知識・能力を高めることに重きを置くタイプです。

　すでにオペレーションの仕組みがある程度、確立した既存事業では、業績目標の達成に心血を注ぐ業績志向人材が重用されやすいことは想像に難くありません。問題は、同じことが新規事業でも言えるのかということです。果たして、既存事業と同様に業績達成を第一の目標に掲げて働くことが業績につながるのでしょうか。

　そこで、重回帰分析を用いて、2つの目標志向性と新規事業の業績には因果関係があるのかを検証してみることにします。その結果を示したのが図表32です。
　この結果でも、**業績志向は新規事業の業績に影響しないのに対し、成長志向は新規事業の業績を高める影響がある**ことがわかります。この結果は、先に紹介した「自らの成長を求めて新規事業にチャレンジする人ほど成果を出しやすい」という結果とも関連しています。

　未知で予測不可能な出来事が立て続けに生じる新規事業では、答えのない中でひとり試行錯誤を繰り返す時間が続くことになります。その長い暗中模索の期間に耐え、闇雲に答えを掴もうとするのではなく、そのプロセスを自己成長ととらえて経験から学ぼうとする姿勢が、事業を創造する上で重要であることをおわかりいただけたでしょう。

　業績志向人材と成長志向人材、そのどちらに新規事業を任せるべきかは自明です。実現までの過程に自己成長という価値を見いだし、積極的に経験から学ぶのが成長志向人材です。既存事業で成果を出せる人材が新規事業でも同じように結果を出せるわけではありません。

52）図表32の「業績志向」は、Button et al.（1996）の質問項目を用いて尺度構成しました。業績目標志向性を構成する質問項目には、「自分の能力に対する他人からの評価を気にすることがあった」など7項目があります。
53）図表32の「成長志向」は、Button et al.（1996）の質問項目を用いて尺度構成しました。学習目標志向性

図表 32　目標志向性と新規事業の業績の関連

新規事業から学ぶ意欲のある人ほど、新規事業で成果を上げている。

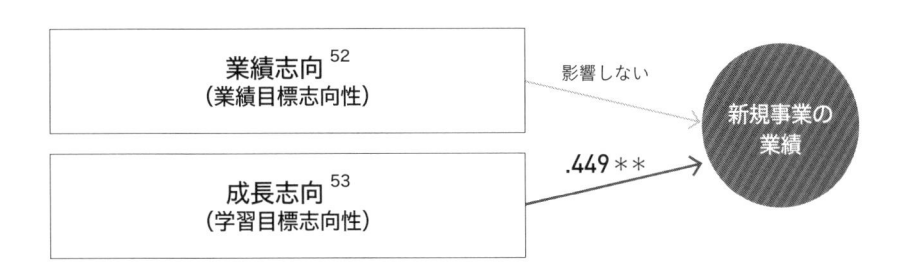

注１：統制変数には「性別、業種（ダミー）、役職（ダミー）、新規事業タイプ（ダミー）、新規事業の規模、部下の人数、既存事業での業務経験（ダミー）、過去の新規事業経験（ダミー）」を投入し、独立変数を「業績目標志向性」「学習目標志向性」とし、「新規事業の業績」を従属変数とした重回帰分析を行った（Adjusted R^2=.088）。
注２：矢印の実線はプラス（正）の影響を示している。矢印の上にある数値は影響度（β）の強さを示している。
注３：数値の隣の＊＊は 5％ 有意水準を表す（有意水準は数値が小さいほど、示された関係が統計的に意味がある可能性が高いことを示す）。

　このことは先行研究でも明らかにされています。ある研究[54]では、成長志向性が高い人ほど新しいチャレンジに前向きで、自分の成長につながる困難な仕事に積極的に取り組もうとする姿勢があることがわかっています。その反面、業績志向が高い人の場合では、自身の能力の高さを証明しようとするあまり、失敗する確率の高い新しいチャレンジや難しい仕事を極力避けようとする傾向があることが指摘されています。

　つまり、**成長志向性の高い人が新規事業の担い手として適任**であると言えます。

を構成する質問項目には、「難しい仕事に挑戦することが私にとって重要だった」など 8 項目があります。
54) Chadwick, I. C. & Raver, J. L. (2015) "Motivating organizations to learn：Goal orientation and its influence on organizational learning," *Journal of Management*，41，957-986.

経験者にはセカンドチャンスを

　新規事業は経験者のほうが成果を上げやすいことも独自調査の結果からわかっています。図表33は、新規事業の経験の有無と新規事業の業績の関連を示した調査の結果です。新規事業の経験がある人の割合は、低業者では29.5%ですが、中業績者では41.5%、高業績者では44.2%と、業績が上がるほど新規事業の経験者の割合も増加しています。

　つまり、**新規事業は、はじめて任される１度目よりも２度目以降のほうが成功確率が上がる**というわけです。新規事業担当者にセカンドチャンスを与えることの合理性はこの結果からも支持されます。

　新規事業という"沼地"を一度でも経験した人であれば、そこで起こり得るさまざまなジレンマ（詳しくは第４章）をある程度は理解しているので、障害に備えて前もって準備することができます。ただし、これは

図表 33　新規事業の経験の有無と新規事業の業績の関連

Ⓠ 新規事業は１回目より２回目以降のほうが成功しやすい？

Ⓐ 新規事業は経験者のほうが成果を上げやすい。

「新規事業経験あり」と回答した人の割合

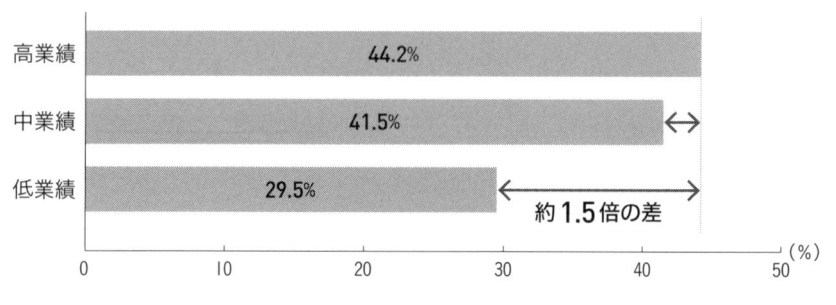

（n=500）

出所：田中聡・中原淳 (2017)「事業を創る人と組織に関する実態調査」

経験者に新規事業を任せさえすればいい、といった単純な話ではありません。新規事業に対して後ろ向きの印象を抱いていないか、新規事業の経験から学びを得ているかどうかを問うことが重要です。「苦労や挫折を経験すると人は強くなる」といった通説もありますが、いくら強くなったところで以前と同じ失敗をするようでは意味がありません。

　これまでの調査結果とあわせて考えてみると、新規事業に対する前向きさを持ち、成長するために積極果敢に困難な仕事にチャレンジし、経験から失敗の原因を振り返り、身の処し方や誰に話を通せばいいのかなど成功のための一手を得ようとする姿勢——こうした創る人本人の学びの姿勢が伴うと「**経験者のセカンドチャンス**」に真の意味があるのです。

　新規事業という自分自身の実力をはるかに超えた仕事の目標へチャレンジする経験と、その経験から得た学びを生かして、もう一度リベンジしたいという前向きなモチベーションを持つこと。こうした「**ストレッチ経験**」「**振り返り**」「**リベンジ意欲**」を持つ人材は、新規事業を成し遂げる要素を持ち合わせていると言えるでしょう。

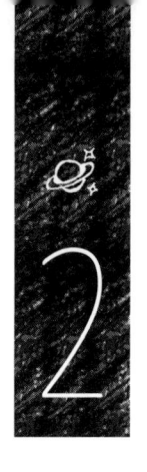

2 新規事業の任せ方

さて、採用すべき人材を発掘できたら、次はいよいよ登用して任せることになります。「君に任せた！」と言った瞬間にゲームオーバーであることは、序章でお伝えしたとおりです。新規事業を任せるとは「新規事業を進めていくプロセスを伴奏しながら支援し、結果に対する責任を共有する」ということです。「新規事業を任せる」ということの概念を根本から変えていく必要があります。具体的に見ていきましょう。

なぜ、任せ方が重要か
——「獅子の子落としモデル」の弊害

日本企業の多くの新規事業部門でよく見られるのが「獅子の子落としモデル」（図表34）です。経営層が既存事業から優秀な社員を引っ張ってきて「エースのお前に新規事業は任せたぞ！　ここから這い上がってきて成功したら経営層になるための第一関門は突破だ！」と崖から落とすのです。登用された側は「期待されている」「出世のチャンス！」と意気込むのもつかの間、崖から突き落とされ、そこで直面する幾多の困難に絶望してしまいます。

何の支えもなければ、困惑してもがいた結果、力尽きてしまうのは当然のことでしょう。だからこそ、すでにデータでも示したように、**どれほど異動前に新規事業に対して前向きなイメージを持っていても、それと新規事業の業績とは関連がない**のです。

図表 34　獅子の子落としモデル

這い上がって来た人だけが、出世のチャンスを手にできる !?

エースのお前に任せた！

説明もなく任せては、
創る人が力尽きてしまう。

こんなのムリ…

出世の登竜門

（新規事業）

　獅子の子落としモデルが機能するのは、ある程度、事業の見通しが立っている既存事業や失敗したときのセーフティネットが用意されている場合です。経営層ですら成功するか判断できないような新規事業を突然託され、崖の上から突き落とされ、谷底で声をあげても助けもないような環境であれば、当然、不信感と不満を抱くでしょう。

　成果を出せなければ「自分の責任」と結論づけて組織を去ることになってしまいます。また、成功の兆しが見え始めた頃、まるで頃合いを見計らったかのように「これからは会社全体でしっかりサポートしよう」などと急に経営層が介入し始めたら、不信感と不満で紛糾し、やはり組織を去ることになりかねません。

　だからこそ、**最初の任せ方が肝心**なのです。新規事業を任せる段階で、これまでの仕事の進め方とどれほど異なるのかを可能な限り伝え、理解してもらう必要があります。失敗する要因を事前に伝えてその数を

減らしていくことが、険しい道のりを少しでも見通しよく歩くための重要な備えになるのです。そのためにも、まずは既存事業から新規事業への異動によって、そもそもの前提が変わるということを前もって理解してもらう必要があります。

ゲームのルールが変わる
── テトリスからシムシティへ

第2章でお伝えしたように、イノベーターには独自の思考法エフェクチュエーションというものがありました。PDCAのようなお膳立てモデルのコーゼーションでは新しいものを創造することは難しく、あり合わせでものを創っていく発想が事業創造には適しています。

簡単に言えば、ゲームの仕組みやルールの変化に合わせてプレイヤーも頭を切り替える必要があるということです。既存事業での仕事の進め方は、落ち物パズルの元祖ゲームである「テトリス」に例えられます。つまり、上から降ってくる仕事を一定のルールに沿って規定の形にあわせて対処することでクリアを目指すというものです。テトリスをプレイしている感覚のまま、新規事業のステージに来てしまうとゲームは始まりません。それまでのように、上から指示を待っていても仕事は降ってこず、クリアするためにゲームマスターである上層部が求めている形を探ってみても、もはや上層部はゲームマスターではありませんから、ないもの探しに終わってしまいます。

このように「ゲームの前提が違う」という事実を理解せずにいると、仕事が降ってこないことに対して「無責任だ」と憤ったり、「見切りをつけられた」と不安になったりしてしまいます。答えを探し続けていても、先には一切進めません。

　既存事業とは打って変わり、新規事業は、素材を集めて組み合わせでものをつくり、自分で選んだ配置場所を設定していくことで都市経営を行うシミュレーションゲーム「シムシティ」に例えられます。今後、どのようにして予算を立てるかを考えながら何を先につくっておくのかも考える必要があります。起こり得る問題を予測しながら事前に回避しつつ、自分の思い描くものをつくっていく過程で、徐々に関わる人が増え、支持してくれる人も出てくる。状況によっては創り出すものすら変えてしまう可能性があることも受け入れなければなりません。言うまでもなく、「テトリス」をプレイするモードで、新規事業はプレイできません。

　会社から創る人に任命される人の多くは、第２章で見たように既存主力事業で豊富なキャリアを積んできた、いわばエースプレイヤーです。しかし、この**「ゲームの前提が違う」**ことを**理解**していないために、**有り余ったエネルギーをどこに向けてよいのかがわからず苦戦し、他責思考に陥ってしまう**というわけです（詳しくは特別付録をご覧ください）。

　まず、新規事業においては「指示どおりに正解を積み上げる」のではなく、「ゼロから試行錯誤しながら形づくる」というルールであることを伝え、マインドセットの転換を図ることが求められます。そうすることで、先々何かにつまずいてしまったとき、性急に環境や周囲のせいにするのではなく、「ひょっとしたら思考の入れ替わりがまだうまくできていないのかもしれない」と自問し、落ち着いて対策を考えることができるでしょう。

新規事業ワクチン「ＲＪＰ」と「ＲＤＰ」

　ここまで見てきたように新規事業を任せる際に、最も重要なことは「マインドセットの切り替えが必要だ」ということを丁寧に伝えることです。その次に重要なのは、創る人がこの先に直面するであろう「悶絶経験」（詳しくは第4章にて）を前もって告知し、ショックを軽減させる、という一種の予防行為です。

　そこで本書では、「ＲＪＰ」と「ＲＤＰ」という2つの "**新規事業ワクチン**" についてお伝えします。

　RJPとは、Realistic Job Previewの略で、日本語では**現実的職務予告**」とも言われます[55]。現実的職務予告には、個人がある組織に入る前に抱く非現実的に高い期待を抑え、組織に参入したあとに経験する「幻滅」をできる限り抑制する狙いがあります。具体的には、その仕事の内容のよい面ばかりでなく、ネガティブな面も含めてしっかりと事前に伝えておくことが、その後の職務適応を促したり、離職を防ぐ効果があることがこれまでの研究で明らかになっています[56]。

　新規事業の場合であれば、さらに第4章で詳述する創る人の経験を事前に予告しておく必要があります。仕事の変化だけではなく、自分を取り巻くあらゆる環境が予想以上に大きく変化すること、そして今の価値観や仕事に対する考え方や価値観、自分自身への期待といったパースペクティブがひっくり返ること。これまで経験したことがないような過酷な体験に身を置く中で経験するジレンマを予告することが、創る人の適応・安定につながります。すなわち、創る人に新規事業を任せる場合には、ＲＪＰとセットで**ジレンマの予告**が必要なのです。これを私たちはＲＤＰ（**現実的葛藤予告：Realistic Dilemma Preview**）と名づけることにしました。

55) 髙橋弘司 (1993)「組織社会化研究をめぐる諸問題」『経営行動科学』8(1), 1-22.
56) Wanous,J. P., Poland, T.D., Premack, S. L. & Davis, K. S. (1992) "The effects of met expectations on newcomer attitudes and behaviors：A review and meta-analysis," *Journal of Applied Psychology*, 77(3), 288-297.

「どういう職務になるか」「どんなジレンマを乗り越えなければならないのか」という２つの事前予告をしておくことで、「これからあなたに行ってもらうのは大変な部署である」ということを覚悟してもらい、「最初は不条理な環境で物事が進まない現実にもがき苦しむかもしれないが、最終的には経営者視点を獲得し、この経験でしか叶わない成長を遂げられる」と、自分がたどっていく道筋をしっかりイメージしてもらいます。いわば、沼地を予言して見取り図を渡し、入口から出口までの道のりを見せるのです。

新規事業を任せるときに、このＲＪＰとＲＤＰがあるのとないのとでは、その後の結果が大きく変わります。 もちろん、任せる段階でいくら入念に新規事業ワクチンを打っておいたとしても、その先に待っている「茨の道」が変わるわけではありません。問題をゼロにすることはできないため、見取り図の通りにジレンマを抱え、孤独を感じ、悩んで落ち込んだり、腹を立てたりすることも当然あり得るでしょう。

しかし、それが個人としての資質や能力の問題ではなく、あくまでも「新規事業」ならではの構造上の問題であると受け止めることができれば、今置かれている状況が永遠に続くわけではなく、試行錯誤のうちに必ず抜け出すことができると思える余裕が心に湧いてくるものです。

なぜ、あなたなのか？　という意味づけ

既存事業と新規事業とではゲームのルールがまったく違うということと、そして新しいゲームを始めた先には多くのジレンマを経験することになるということを前もって会社側から予告されることで、新規事業を任された本人の不安は大きく軽減されるでしょう。

しかし、それでもある日突然、未来があるのかないのかわからない新規事業への配属を受けた人の多くは「この先、自分は一体どうなってし

まうのか」と不安を抱くものです。

　実際に筆者らが行ったインタビュー調査の結果でも、多くの新規事業担当者が事業を任された際に不安を感じている様子が伺えました。「既存事業でのパフォーマンスに何か問題でもあったのだろうか」と不安を感じていた人たちも少なくありません。また、任命する側からすると、適任者だと見込んで異動を決めたと思っていても、その意図とは裏腹に「出世への道が閉ざされてしまった」と当人は誤った解釈をしてしまうケースもあります。これを防ぐためには、任命する際にしっかりと会社からの期待を伝えておくことです。

　任命時によく本人から寄せられる質問が次の3つです。

「なぜ新規事業をやるんですか？」
「なぜ私なんですか？」
「私の今の仕事はどうしたらいいんですか？」

　創る人が最初に感じる戸惑いとも言える上記の3つの問いに対して、会社は明快な答えをあらかじめ用意しておく必要があります。

　特に、任命した人が既存事業に長く在籍している場合だと、自部門最適主義の発想に陥り、視野が狭くなっている可能性があります。そこで、視点を上げて、**会社が置かれている経営環境と今後の経営計画をもとに、今なぜ会社が新規事業を必要としているのかを丁寧に説明する必要があるでしょう。**会社が掲げている中長期の経営目標は、通常、既存事業による事業成長の延長線上には存在しないところに設定されているものです。それを埋める役割が新規事業にあります。会社の未来にとって新規事業がいかに必要不可欠であるかを一貫して経営的な視点から伝えることが重要です。

　また、2 点目の「なぜ、私なのか？」という問いには、**単に指名した理由を合理的に説明するだけでなく、「今後の期待」で返すことが有効です**。本人のどこを見て新規事業への適性を評価したのか、具体的に伝えることはもちろん、新規事業での経験を通じて、一個人として今後どのように成長していってもらいたいと思っているのか、という経営からの期待を余すことなく伝えるようにしましょう。

　新規事業部門を経験したあとに配属を検討しているポストの候補などを具体的に伝えることができればその効果はより高まります。そうすることで、ネガティブな誤解を解消するだけでなく、任命される側も自分自身で新規事業への適合性を判断し、新たな仕事に前向きに打ち込むための意味づけを行えます。

　最後に、自分の抜けた穴を心配する人に対しては「大丈夫、君が異動することは、むしろ組織にとって成長するチャンスだから。残されたメンバーが抜けた穴を補おうと努力することで、個人も組織も強くなっていく」と言い切り、前を向かせることが必要です。エースが担っていた責任のある仕事を残されたメンバーが引き継ぐことで一人ひとりの成長に繋がるという効果が期待されます。

　さらに、ポストが空くことによって残されたメンバーのキャリアの見通しを明るくする効果も期待できます。ヤフーの上級執行役員・コーポレート統括本部長である本間浩輔氏も、著書[57]の中で「**組織変革の鉄則は、ナンバーワンを外し、ナンバーツーを引き上げること**」だと述べているように、**エースの異動は残された人と組織を強くする絶好のチャンス**にもなるのです。

　生き馬の目を抜くようなビジネスの業界にあって何をいまさら「意味づけ」かとおっしゃる方もいらっしゃるかもしれません。しかし、そういうあなた自身は「意味や意義の見いだせない仕事」に長くパッションを保ち続けて取り組むことができるでしょうか。

　たかが意味、されど意味なのです。

57) 本間浩輔・中原淳 (2016)『会社の中はジレンマだらけ 現場マネジャーの「決断」のトレーニング』光文社.

出口のイメージをすり合わせる
── 成功したとき、失敗したとき

　事業を開始する前に事業の出口を見据えておくことも重要です。具体的には、**事業低迷時の撤退基準と事業好調時のインセンティブプランを明確にし、創る人と会社の間で合意しておく**ということです。もちろん、新規事業を任せる段階では明確な指標を用意することは難しいかもしれませんが、遅くとも新規事業案を承認するタイミングでは必要です。

　撤退基準の例としては、事業継続期間と状態目標によって設定されることが一般的です。例えば、「事業開始○年以内に黒字転換しなければ撤退する」「1年以内にユニークユーザー○万人を達成できなければ撤退する」などです。こうした客観的な基準をあらかじめ設定し、両者で合意しておくことで、「あと1年やっていれば事業は軌道に乗っていたのに」といった後腐れを残さずにすみます。

　一方、創る人と会社側で後々トラブルに発展しやすいのは、事業が失敗した場合だけではありません。事業の見通しが立ち、将来性を見込めるようになった段階でも両者のトラブルは多く見られます。もともと会社内の一事業部門として発足した新規事業が順調に立ち上がり、経営の自由度とスピード感のある意思決定を求めて部門を分社化したいと考える創る人側の主張と、将来の収益基盤の柱となる可能性を秘めた新規事業を囲い込みたいと考える経営側の論理のズレです。こうした対立を未然に防ぐためには、新規事業の成功シナリオとそれに基づくインセンティブプランをあらかじめ設計し、両者で合意しておくことが重要です。

　新規事業を任せる際に、事業の出口イメージ──事業低迷時の撤退基準と事業好調時のインセンティブプランを議論し、前もって合意しておくことの重要性について述べました。こう伝えると、「新規事業なんて

不確実性の高いものなのだから、そんなものやってみなければわからない」という批判も聞こえてきそうですが、不確実性の高い事業だからこそ、前もって事業の出口イメージを見据えておくことが重要なのです。評価の軸を定めるということは、事業を創る上で大事な視点を共有することに他なりません。

　指標として適切なのは、売上なのか、利益なのか、それとも利用者数なのか。仮にその指標が現実に即さない場合には柔軟に変更すればよいのです。**大切なことは、何を大事な価値基準に据えて事業を進めているのか、という事業の羅針盤を創る人と会社が常に共有し、同じ目線に立って新規事業に関わるということです。**

「任せた」で終わらない

　新規事業と既存事業はどのように異なるのか、仕事の仕方にはどんな変化が起こり、先々どのようなジレンマを抱えることになるのか、そして会社はなぜ本人に新規事業を任せようと思うのか、新規事業の撤退基準とインセンティブプランをどうするか──こうしたことについて、いわば"新規事業ワクチン"を注入するかのように丁寧に伝え、時には議論することが、その後の新規事業部門での適応を促す上で重要であることを伝えてきました。

　しかし、せっかくここまで伝えたとしても、「準備はできたね、では、いってらっしゃい！」と見送るようでは、「任せた！」となんら変わりません。むしろ、不安にさせるだけさせておいて、突き放されるのだから、任命を辞退したくもなるでしょう。

共同登山のスタンスを明確に

　新規事業における問題は、戦略でもアイデアでもなく「人」であることは繰り返しお伝えしてきました。戦略とは、いわば「登山を成功させるためのハウツー本」のようなものです。まったくの初心者に「これを読めばバッチリだ！　さあ行ってこい！」とけしかけたところでうまくはいきません。既存事業での経験が長過ぎて、高い山のふもとで永遠と

ハイキングし仕事に対する意欲が落ちているのに、「十分ハイキングは
したから、もう高い山も登れるよね！」と言っても、これもうまくいく
はずもありません。だからといって、適任者だと思える人でも、険しい
山を独りで登ることは困難です。プロの登山家でも単独でエベレストを
登ることが自殺行為に等しいように、新規事業という険しい未知の山を
登ろうとする創る人にもサポートしてくれるチームが必要です。

　**事業を創る人を任命するということは、その後の新規事業の成果に対
しても責任を持つということ**です。新規事業の適任者を発掘し、新規事
業について説明して終わりというものではありません。新規事業が軌道
に乗るまで伴奏する覚悟を持ち、「任せた！」ではなく「一緒に乗り切
ろう！」と表明することが「任せる」ということです。そのため、「新
規事業を任せる」ということは、「登山を成功させるためのハウツー本」
という戦略を手渡すことではなく、「一緒に登る方法を模索し、ともに
頂上を目指して登っていくこと」なのです。

第3章 まとめ

▷ 事業を創る人を選ぶ際の必須要件は、積極的に新規事業を通じて成長しようというモチベーションがあること。

▷ どんなに既存事業で優れた成果を出している人材であっても、新規事業に対して後ろ向きの人材の登用は控えるべきである。

▷ 新規事業を任せるときには、既存事業と新規事業のゲームの違いを理解させ、この先起こり得るジレンマを予告し、なぜ君に任せるのかという期待を伝えること。さらに、事業の出口を前もってイメージさせ、事業のシナリオに応じた撤退基準とインセンティブプランを用意し、事前に握っておくこと。

▷ さらに、「任せた」ではなく、「一緒に乗り切ろう」という共同登山のスタンスを明確に示すことが重要。

第4章

創る人を支える

第3章では、創る人の選び方と任せ方の要諦について見てきましたが、どれだけ適性を持った人を選んで丁寧な任せ方をしたとしても、創る人の多くは理想と現実のギャップにもがき苦しむことになります。新規事業に取り組むということは、理想と現実のギャップに腹をくくって向き合うこと。それはどんなにサポートがあっても変わりません。

本章では、創る人がつまずくポイントを整理し、どのようなサポートが創る人の支えになるのかをお話しします。創る人である読者の方は、自分の置かれている状況を振り返る鏡として、本章を読み進めることができるでしょう。一方、支える人である読者の方は、効果的に手を差し伸べる手掛かりを掴むものとして、本章をとらえてください。私たちは、すでに自分の身にそのような経験が訪れることを前もって知っています。だから、慌てる必要もありません。本書を「見取り図」に新規事業の荒波に向き合いましょう。

1 創る人を待ち構える "死の谷"

　第1章でもお伝えしたように、既存事業での働きぶりが経営者の目にとまり、組織改革という一大ミッションを背負って、創る人は新規事業部門へ異動することになります。しかし、実際の組織における新規事業の立ち位置は、"改革者"どころか"厄介者"になることが多いものです。新規事業に取り組む人々には、天地が逆転したような日々が待ち受けているのです（図表35）。

"新規事業村"へ飛び立ったはずが……？

　研究開発や技術経営の分野では、開発に立ち塞がる障壁を指す表現のひとつに「**デスバレー**（death of valley）」という言葉が使われることがあります。デスバレーとは、新規事業の提案が経営に採択されて第一関門を突破し、意気込みも新たにいよいよ動き出すものの、資源調達や周囲を巻き込めずに停滞してしまうという問題のことです。

　新規事業は、資金や人員を動員し、そのために決定権を持つ人たちが動いてくれなければ前進することはありません。自分一人の力では前にも後ろにも動くことはできず、谷底へと頼みの綱が降りてこなければ上がることもできません。こうして多くの新規事業が陽の目を見ることもなく埋もれゆく第二の関門こそ"死の谷"です。

図表 35　新規事業の " 死の谷 "

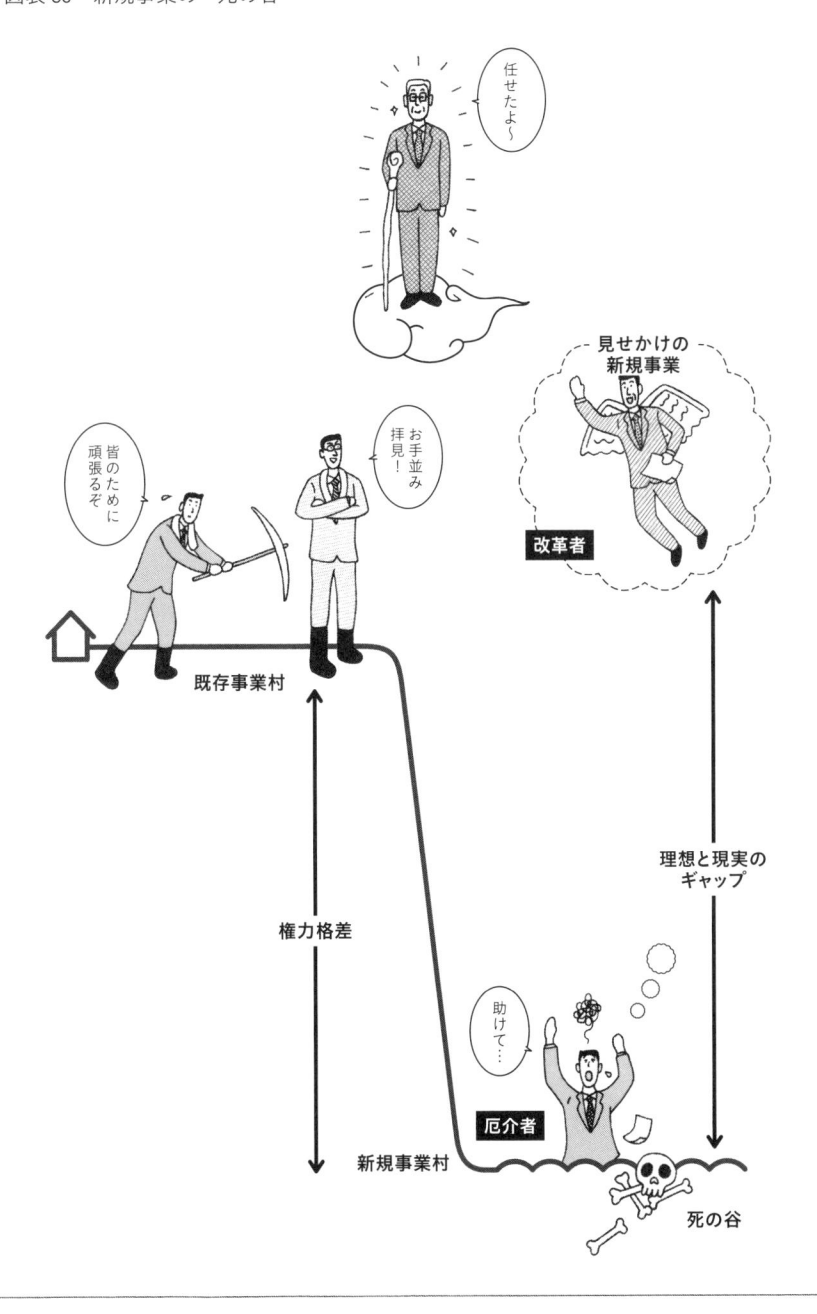

新規事業成功の鍵を握るのは、この"死の谷"をいかに切り抜けるかにかかっているといっても過言ではありません。ですから、創る人が"死の谷"でどんな障害と出くわし、そこでどのような葛藤を抱え、誰と戦うことになるのかを知ることは、創る人自身だけでなく、支える人となるべき経営者や上司にとっても非常に重要と言えます。

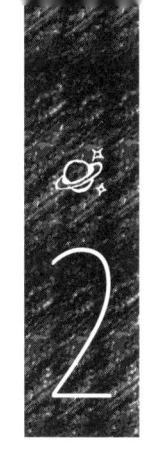

創る人が直面する悶絶体験

―― ４つのジレンマとの戦い

　筆者らは、創る人が"死の谷"でどんな問題と出くわし、どのような葛藤を抱え、誰と戦うことになるのかを明らかにするために、創る人15名を対象にインタビュー調査を行いました（調査対象者については20ページをお読みください）。その結果、「事業を創る」という経験を通して創る人が直面する苦境には、共通して**４つのジレンマ**があることが明らかとなりました。序章でもお伝えしたように、新規事業の前に立ちはだかる敵は社内にいます。その対峙しなければならない相手とは、「**既存事業部門**」「**経営層・上司**」「**部下**」、そしてもっとも手強く、思いもしなかった敵こそが「**自己**」なのです。

　創る人は、これまで所属していた既存事業では到底考えられないような理不尽な状況に身を置くことになります。４つのジレンマを通して創る人はさまざまな**11の問題**に直面し、葛藤の経験から学びを得ることになります。理不尽に思えることやこちらの努力でどうにかなるとは思えないこと、そして新規事業を断念せざるを得ないと思わせるような出来事が続く中、それでも新規事業を継続して対立する人たちと向き合い、自問自答していくことで、創る人は「一個人（社員）としての視点」から抜け出し、「経営者としての視点」を獲得します（次頁　図表36）。

　ここでは、新規事業を創るプロセスの中で直面する11の問題を４つのジレンマとして整理し、説明していきます（学びのプロセスについては巻末の特別付録をお読みください）。

図表36　悶絶経験と学びのプロセス

	事業構想段階	承認段階	事業化段階
「既存事業部門」ジレンマ	①既存事業部門とのミスコミュニケーション ②既存事業部門からの批判		②既存事業部門からの批判
「経営層・上司」ジレンマ	③経営陣の反対		
	④上司による場当たり的なマネジメント		
			⑤上司による必勝前提としたマネジメント
「部下」ジレンマ			⑥戦力人材を確保できない状況下でのマネジメント ⑦後手に回る部下の育成 ⑧モチベーションの低い部下のマネジメント
「自己」ジレンマ	⑨新規事業プランを生み出せないジレンマ		
	⑩過去の成功体験に基づく思考体系の適用と失敗		
			⑪新規事業部門の解散または解散の危機

「既存事業部門」ジレンマ

　既存事業部門との間で生じるジレンマには、主に次の2つの問題が見られます。1つ目は、創る人が既存事業部門の組織力学を理解できずに必要な支援を得られない**①既存事業部門とのミスコミュニケーション**。そして、2つ目は、既存事業部門から新規事業に対して懐疑的・否定的な意見を受ける**②既存事業部門からの批判**。コミュニケーション上のこうした問題に創る人は悩まされることになります。

①既存事業部門とのミスコミュニケーション

　第1章でお伝えしたとおり、企業内で新たに事業を創る際、既存事業の存在を一切無視して考えることはできません。既存事業部門の理解を得ることができなければ既存事業が培ってきた資源を調達することもできないので、大抵の新規事業は前に進めず立ち往生してしまいます。

　そのため、既存事業部門の意思決定プロセスやキーマンを掌握することは、新規事業を担う創る人にとってもひとごとではありません。しかし、それができず、既存事業部門との間のミスコミュニケーションが生じてしまうことが少なくないのです。順調に進みそうな事案でも、ある一人の意見で突然全てがゼロになってしまうことも起こりかねません。

　事前に話を通すべき相手は誰なのか。自分の説得ではなかなか動いてくれない相手の場合、誰ならその人を動かせるのか。そうした組織力学を把握し、社内政治を駆使することが重要になります。オフィシャルな組織図や役職に基づく上司・部下といった上下関係の裏で「実はこの部署で一番影響力を持っているのは部長よりも古くから在籍しているお局社員のAさん」といった、組織内でしかわからない問題が潜んでいたりするものです。

　実際の企業における組織力学はかなり複雑です。公式の組織図とは異なる組織構造や力関係があり、社内政治をわからないままでは資源調達

はできません。キーマンとの入念なコミュニケーションがとれていなければ、事業を立ち上げる前段階で潰されてしまう可能性が高いのです。

②既存事業部門からの批判

これまで見てきた既存事業部門とのミスコミュニケーションは、組織力学を理解できていないことから生じる問題でした。それに対し、既存事業部門からの批判は、企業内で事業を創るという構造ゆえに起こるジレンマです。同じ組織に属していても、新規事業部門は何をしているのかよくわからない。そのため、創る人は、既存事業部門から「どうせ、そんな事業は無理に決まっている」という否定的な言葉や、「俺だったらこうするけど」といった"ありがた迷惑ノイズ"を浴びることになります。

新規事業への任命が経営層からのものであるほど、既存事業部門の社員や中間管理職にとってその異動はひとごとで、時にはネガティブな印象を与えます。筆者らが行ったインタビュー調査では、異動が決まった際に当時の上司から「ふざけるな。君に期待していたから好きなようにやらせてきたのに裏切るつもりか！」と叱責され、異動後もその関係性が尾を引いたという対象者もいました。

このような敵愾心は珍しいものではありません。序章でもお伝えしましたが、既存事業部門の人からすれば「自分たちが汗水垂らして稼いできたお金を、なんだかよくわからない新規事業に使われてしまう」「新規事業部門は会社の金食い虫」という感覚が生じやすいようです。

第1次小泉内閣で財務大臣に就任した「塩爺」こと塩川正十郎氏が、当時、国の特別会計が既得権益の温床になっていることを「母屋でおかゆをすすっている時に、離れですき焼きを食べている」と揶揄して話題になりましたが、既存事業部門の思いもまさしくその言葉のとおりです。「減量経営」という名のもとで徹底的に無駄を排除し、生産性と効率性を追い求めてきた既存事業部門から見れば、新規事業部門は自分たちの儲けた利益を食い潰して楽しく"すき焼き"を食べているかのように見

えるものです。こうした“スキヤキ・シンキング”は既存事業にとって新規事業がよく見えないという構造上の問題によって生じています。

　また、既存事業部門でともに働いてきた、いわば“同じ釜の飯を食った”古巣の仲間であっても胸の内を明かすには注意が必要です。「なかなか苦戦していて……」と心情を吐露すると、瞬く間に「やっぱりあの新規事業はうまくいっていないらしい」と新規事業の不調だけが会社全体に喧伝されてしまうこともあります。そうなっては社内ではうかつに愚痴もこぼすこともできず、創る人は孤独な状況に立たされるのです。

「経営層・上司」ジレンマ

　本来、創る人にとって頼るべき相手であるはずの経営層や上司が、時として創る人を悩ませる存在にもなります。そのジレンマとしては、特に③経営陣の反対、④上司による場当たり的なマネジメント、⑤上司による必勝前提マネジメントという3つの問題が見られます。

③経営陣の反対

　経営陣は、新規事業を創ることを決めて創る人の任命権限を持つ立場ですが、同じ山を登ろうとする同志かと言えば必ずしもそうではありません。これまで繰り返しお伝えしてきたとおり、どのような新規事業であれば勝算が見込めるのかなど、実のところ経営陣にもよくわからないのです。そのため、革新的な事業によって将来の収益源に育ってほしいという思いはありながらも、一方で会社の収益を安定して出さないといけないという経営者の立場から、つい事業のリスクや損失を過大視してしまう傾向に陥ってしまうのです。

　そうした立場から、新規事業に対する態度が一変したり厳しくなったりしがちです。創る人からすれば「一体、経営陣は何がやりたいのか」と疑いの目を向けたくなりますが、「経営陣は答えを持っていない」と

割り切って向き合うことも重要です。

　また、経営層からの反対は心情的な抵抗から生じることもあります。かつて新規事業だったものを既存事業として今の状態にまで築き上げた最大の功労者が現役の経営役員層にいることも少なくありません。そうした経営陣からは特に反感を受けやすいです。そのため、創る人は経営陣から「君らにはわからないかもしれないけど、こんなモデルじゃうまくいかないよ」「それでは甘い」など、新規事業の可能性への容赦ない指摘を受けることも経験します。

④上司による場当たり的なマネジメント

　経営陣からも反発を受けるとなると、頼みの綱は直属の上司になるわけですが、ここにもまた、意思決定の軸や人事評価の基準が不明瞭なために、上司から一貫性を欠いたマネジメントを受けてしまうジレンマがあります。

　本来であれば、上司側の意思決定の判断軸や創る人への評価基準は、全て新規事業の特性に合わせて設定されるべきものです。ところが、新規事業の進捗を何によって評価すればよいのか、明確な基準を持ち合わせていない上司の場合、応援しているような態度を示しつつも、経営層や既存事業部門のキーマンによる一言に流されて態度を一変する "ノープラン風見鶏" 上司に豹変する恐れがあり、創る人は矛盾をはらんだマネジメントに困惑してしまいます。

　上司の側もジレンマを抱えています。上司である以上、答えを持ち合わせていなくても部下からの相談にはなんらかの答えを提示しなければならない。明確な判断軸がないまま、そんな誤った上司像で部下と向き合おうという考えが、場当たり的なマネジメントを生み出し、創る人を困らせます。

⑤上司による必勝前提マネジメント

　新規事業を経験したことのない上司によく見られる傾向として、新規

事業の特性を無視して管理型マネジメントを行ってしまうというものが
あります。つまり、新規事業の立ち上げ時に既存事業部門と同様の“必
勝前提”で高い目標を設定し、進捗管理をしてしまうと、どんなに優れ
た人材であろうとも新規事業ではすぐに結果が出ないため、創る人はそ
のプレッシャーに疲弊してしまいます。

　この問題は、④上司による場当たり的なマネジメントと同様、判断基
準が新規事業にそぐわないことから生じます。既存事業のように、成果
を出すためのオペレーションが確立した環境では、目標設定を細かく行
って進捗管理を徹底する管理型マネジメントの効果は発揮します。しか
し、ひとつの成果にたどり着くまでにある程度の時間を要する新規事業
では、そうしたマネジメント手法は減点方式にしかなり得ないため、創
る人のモチベーションを削ぐ元凶になりかねません。

　ここにも上司側のジレンマが垣間見られます。上司自身も「必勝前提
ではない」と頭ではわかっていても、実際に「儲けを気にせず、自由に
やっていいよ」とはなかなか言いにくい立場です。また、事業が今うま
くいっているのか、状況を可視化できないと不安に駆られるため、わか
りやすい指標を設定して使い慣れたKPIマネジメントをベースに新規事
業をモニタリングすることで、上司自身が安心したいという心理も働い
ています。

「部下」ジレンマ

　事業化が進むにつれ、やるべきタスクが増え、とにかく人手を必要と
するフェーズに入ります。有能な部下を抱え、盤石の布陣で新規事業に
臨みたいところですが、部下との間にも**⑥戦力人材を確保できない状況
下でのマネジメント**、**⑦後手に回る部下の育成**、**⑧モチベーションの低
い部下のマネジメント**といった３つの問題が生じます。

⑥戦力人材を確保できない状況下でのマネジメント

　そもそも、人件費の制約から即戦力となる人材を確保できない問題があります。人員を増やしてもらえない、あるいは、即戦力とは程遠い人材が配置されることで、創る人は部下のマネジメントという新たな問題と向き合わなければならなくなるのです。

　この背景には、経営・人事の新規事業の置かれた状況に対する理解不足や既存事業優先主義という考えがあります。経営層からすれば、新規事業を推進してくれるリーダーが優秀で新規事業を成功へと導く人材であればよく、その部下にまでなかなか考えが及びません。

　また、会社の収益基盤を支えている主力の既存事業から、人を引き抜くことは容易ではありません。そのために"でもしか社員"が新規事業部門に送られてくる可能性が高まるのです。"でもしか社員"とは「あいつを新規事業にでも送っておくか」「てんでダメだから新規事業でしか使えないだろう」と思われる社員です。「とにかく人をくださいよ」と頼んだ結果としてすぐに異動可能な人材が送られ、創る人は"でもしか社員"のマネジメントに時間をとられてしまうのです。

⑦後手に回る部下の育成

　即戦力となる人材を社内外から登用することが難しいとなれば、次の手段は部下の育成です。しかし、特に新規事業の立ち上げ時期には、管理職であっても自らプレイヤーとして実務の最前線を陣頭指揮する必要があるため、どうしても部下の育成に対する優先順位が下がってしまいます。その結果、"でもしか社員"はいつまで経っても育つことなく、戦力外のままという状況が続いてしまいます。

　また、新規事業部門は、既存事業でよく見られる職能別組織とは異なり、事業に必要な全ての職能チームを一手に抱えることになります。これまで関わったことのない異職種の部下を持つことも珍しくはありません。自分がこれまで経験したことのない分野のプロフェッショナルをマネジメントしなければならず、どこを目指して育てればいいのかわから

ないというピープルマネジメントの課題も生じます。

⑧モチベーションの低い部下のマネジメント

　新規事業部門に配属されるのは必ずしも、事業を創ることに意欲的な
メンバーばかりではありません。創る人がマネジメントしなければなら
ない部下の中には、新規事業に積極的ではない人もいます。やらされ感
のある部下や主体性がなく指示待ちの部下を相手に目標意識を共有でき
ず、創る人はマネジメントに悩まされることもしばしば生じます。

　人材を入れ替えたいというのが上司の本音かもしれませんが、代わり
になる人材がすぐに見つかる保証はありません。そこで、本人の主体性
に火をつけるようモチベーションマネジメントが必要になります。

　メンバーのモチベーションが低い場合には、「なぜ、この事業をやる
必要があるのか」「なぜ、自分が担当するのか」「自分には何を期待され
ているのか」という3つの意味づけが十分になされているか確認してみ
るとよいでしょう。

　プレイヤーとしての実務に追われ、時間がないことを言い訳にメンバ
ーと向き合うことを後手に回していると、チームが崩壊して新規事業も
失敗に終わり、取り返しのつかない事態を招きかねません。

「自己」ジレンマ

　ここまで、創る人を取り巻く周囲とのジレンマを見てきましたが、創
る人は他人に悩まされるだけでなく事業を創れずにいる自分に対しても
ジレンマを抱えます。事業構想の段階から実際に事業化する段階まで、
**⑨新規事業プランを生み出せないジレンマ、⑩過去の成功体験に基づく
思考体系の適用と失敗、⑪新規事業部門の解散または解散の危機**という
3つの問題に向き合うことになります。

⑨新規事業プランを生み出せないジレンマ

　序章でもお伝えしたように、既存事業と新規事業ではゲームのルールという大前提が違うわけですから、いくら既存事業で成果を出してきた人でも、そのままのやり方では新規事業で通用する保証はありません。

　例えば、創る人の多くが、事業アイデアをゼロから生み出す難しさに直面して「できない自分」に葛藤します。これは、カリスマ・イノベーターが"コンセプト料理"ではなく"あり合わせ料理"の思考法を持つと第2章でお伝えしたように、新規事業プランを生み出すには、それまでとは異なる仕事へのアプローチが求められるようになるためです。

　第2章でお伝えしたように、イノベーションは「バカな！」を「なるほど」に変えることです。非常識と思えるアイデアを出すには、実現可能かどうかは後回しに飛躍して夢を思い描く「ポジティブアプローチ」を必要です（図表37）。

図表37　ゼロイチでものを生み出す思考法

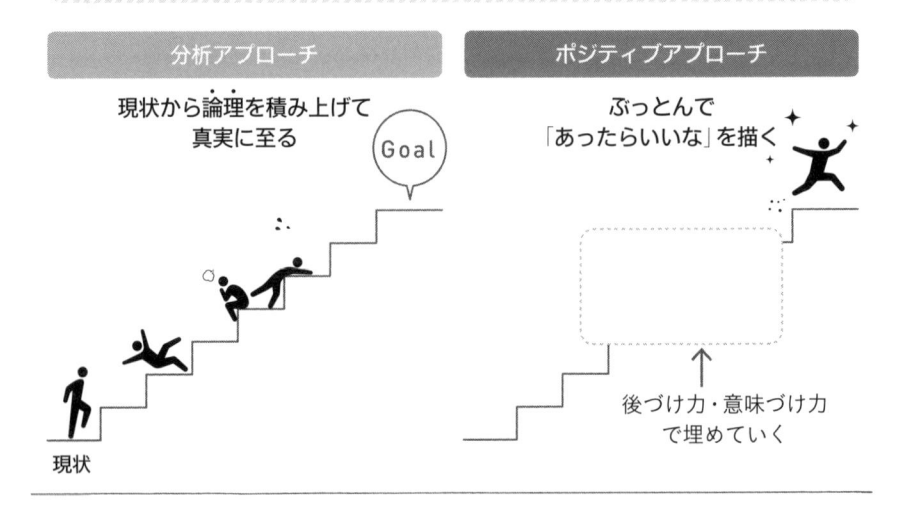

飛躍して抜けているストーリーは、後から意味づけで埋めていけばよいのです。一方で、現実面で物事を推し進めるには、既存事業での働きと同様、現状分析し目標までのプロセスを理詰めする「分析アプローチ」が必要です。**「ゼロイチでものを生み出す」には、一見、でたらめに思えるポジティブアプローチと正確性を持つ分析アプローチ、その両方を巧みに操る力が必要です。**このアプローチの使い分けは、経験の中で培われるもので一朝一夕にはできません。新規事業が軌道に乗るまでの間、創る人は「できない自分」の姿に苦しみ続けることになります。

⑩過去の成功体験に基づく思考体系の適用と失敗

既存事業の思考体系を新規事業でそのまま活用しようとして失敗することは、上司のマネジメント行動に限らず、創る人本人の行動にも当てはまります。創る人の多くは既存事業で豊富なキャリアを持っています。既存事業での仕事の回し方が体に染みついている分、既存事業で成功したビジネスモデルありきで事業を構想しようとしたり、事業の損失リスクを過大視して前に進めなくなったりする問題が起こります。

新規事業では、アイデア創出だけでなく、マネジメントや経営に関しても柔軟な発想が求められます。しかし、既存事業で優秀だった人々の多くは、経営の空気を読もうとし、事業提案した際に「それってありきたりだよね」と言われるのも「ぶっとびすぎだ」と言われるのも恐れ、結果的に思い切った提案ができなくなります。特に過去に成功体験を持っている場合、既存事業のやり方や考え方で新規事業を考えてしまいがちで、その思考から抜け出すことが困難になります。

⑪新規事業部門の解散または解散の危機

新規事業の終末には、目に見える成果が出せないまま事業がストップしてチームも解散するパターンが多くあります。新規事業部門が解散、または解散の危機に直面した際、創る人は失敗体験として大きなジレンマに陥ります。

多くの場合、新規事業の解散は屈辱的な経験として語られます。このとき、納得いくものとして解散を受け入れることができれば、セカンドチャンスに向けて"学び"の経験になりますが、納得できない形で解散してしまえば創る人にとってその失敗経験は深い"傷"となり、最悪の場合には会社を去るという事態を招くことになります。

3 創る人は孤独

　ここまでお伝えしてきたように、創る人が置かれた状況は「四面楚歌」そのものです。既存事業部門からは"金食い虫"呼ばわりされ、上司は既存事業と経営陣の出方を伺う"ノープラン風見鶏"。新規事業部門は圧倒的な戦力不足で火の車。頼みの綱であるはずの経営からもハシゴ外しの刑を受ける。仕方なく、個人プレイで局面を打開しようとしても思うように事態は改善されず、むしろ無力感から完全に自信を失ってしまう――これらは決して誇張した表現ではなく、創る人を取り巻く日常なのだということを私たちは今一度、理解する必要があるのです。

支える人不在の現状

　実際に、創る人は周囲から必要なサポートをどれほど受けられているのでしょうか。独自調査では、サポートを「**精神支援**」「**業務支援**」「**内省支援**」の３つの側面[58]に分け、創る人に対して誰がその支援を行っているかを調査しました。精神支援とは、「応援している」「君は１人じゃない」というメッセージを発して精神的な落ち着きを与えるサポートのことです。業務支援とは、事業を創る上での業務上の課題に対して具体的な解決策を示すなど、業務にまつわるサポートです。そして、内省支援とは、日々の仕事に対する振り返りを促すことで本人の学びと成長を支援するサポートです。

58) 中原淳（2010）『職場学習論』東京大学出版会.

この結果を示すのが図表38です。３つの支援のうちいずれにおいても「直属の上司」からの支援が３割以上ともっとも高くなっています。２番目に高い「同じ職場の同僚・後輩・部下」が２割以下であることと比べると、大きく差がついていることがわかります。このデータで注目すべきなのは、「特にいない」という回答の割合が高いということです。内省支援では、直属の上司に次いで多いのが「特にいない」という回答になっています。このデータからも、**いかに事業を創る人が孤独な存在であるか**、おわかりいただけるのではないでしょうか。

なぜ、支えることが重要か？
——事業を創り、人を育てる

　いずれも大切な支援ですが、最も重視すべきなのは内省支援です。これまで幾度となくお伝えしたように新規事業には正解がありません。一つひとつのアクションを検証し、フィードバックを重ねることでようやく「これは正解のようだ」とわかり、次のアクションに移ることができます。また、仮に失敗したとしても、振り返る中でその要因を検証することができ、次の場面に生かすことができます。しかし、事業を創る道のりは、暗闇のトンネルをほんのわずかな灯りを頼りに進んでいるようなものですから、自分のアクションを客観的に振り返ることは容易ではありません。そこで、**一緒に検証する第三者の存在が重要になってくる**のです。**フィードバックがないことには、どんな優秀な人でも新規事業を前に進めることはできない**ということは断言できます。

　序章でもお伝えしたように、新規事業は「人」です。創る人が活力を失った状態では新規事業は成り立ちません。創る人がどのようなジレンマに陥るのかは、これまでに説明したとおりですから、そのジレンマの中で創る人が潰れてしまわないように支えることが新規事業の失敗を抑制することにもつながります。

図表 38　支える人の実態

Q 新規事業は孤独な存在？

A 内省支援は、直属上司の次に多いのが「特になし」。

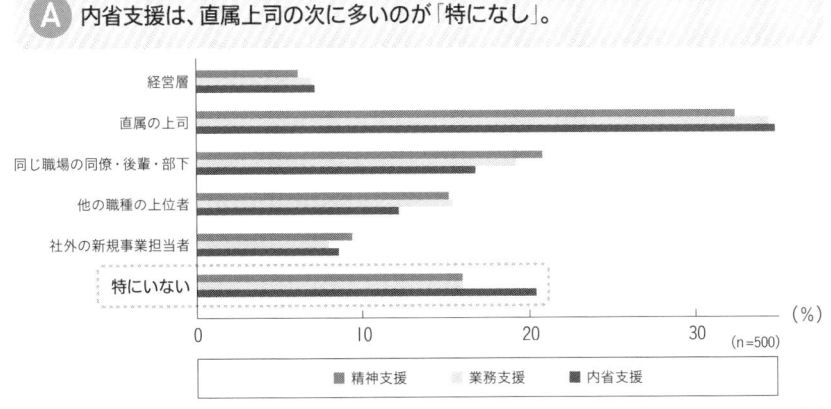

※「あてはまる」と回答した割合

出所：田中聡・中原淳（2017）「事業を創る人と組織に関する実態調査」

　新規事業が会社の将来にとってどれだけ重要なのかを経営自らの言葉で全社に伝える機会を積極的に設けるだけで、既存事業部門からの反発意識もずいぶん抑えられるでしょう。また、創る人と伴走し、気づきを与える存在がいるだけで創る人の精神的負担は軽減され、学びと成長が促されるものです。

　このように、周囲の支えによって改善できる問題は多くあります。たとえ、そのときには事業が失敗したとしても、周囲の支えが糧となって次なる成功につながれば、組織にとっても投資した価値があるのです。だからこそ、企業内で新規事業を成功させるためには、周囲からの支えが最も欠かせないものなのです。

　また、４つのジレンマ経験は、事業を創る人の視座を変える重要な学びの機会にもつながっていることが、独自調査の結果で明らかになっています。具体的には、経験をきっかけに４つの成長のプロセスを経て、

最終的に経営者の視点を身につけていくことになります（図表39）。

　最初の頃は、新規事業が思いどおりに進まない現状を経営層や上司、既存事業部門などのせいだと思い込み、周囲や環境に対する不満が先行しがちです（他責思考期）。しばらく不満は続きますが、やがて「なぜ自分は新規事業をやっているのだろう」「新規事業の意義はなんだろう」と原点を見つめ直し始めます。すると、自分の置かれている状況を客観視し、不条理な現状を受け入れられるようになり（現実受容期）、自分に足りていなかった考えや至らなかった行動に気づけるようになっていきます（反省的思考期）。これまでの反省を込めて改善しようと努めるうちに、次第に経営者としてのものの見方や考え方を身につけるようになります（視座変容期）。

　この４つのフェーズは、さらに細分化された段階からなる学びのプロセスによって構成されていますが、それについては、巻末の特別付録で詳しくお話しします。

図表39　新規事業創出経験を起点とした４つの学習フェーズ[59]

I 他責思考期	新規事業を創出する過程において生じる、経営陣、上司、既存事業部門、部下など周囲とのコンフリクトや挫折・失敗経験について、その責任の所在を他者や環境に向けている段階
II 現実受容期	働く目的を自問自答し、新規事業への関わりを積極的に意味づけようとする思考が生じ、自身の置かれている状況を鳥瞰的な視点からとらえ直そうとしている段階
III 反省的思考期	これまでの問題の原因や責任の所在を自分自身の能力やスキルの問題としてとらえ直す自責思考を持ち、過去の経験から培われた思考様式・行動様式を批判的に省みている段階
IV 視座変容期	一部門の責任者としての限定されたものの見方・考え方を拡張し、経営者としての視点から全社を俯瞰し、長期的な視野で会社の成長をとらえる視座を獲得している段階

59) 田中聡・中原淳 (2017)「新規事業創出経験を通じた中堅管理職の学習に関する実証的研究」『経営行動科学』30(1), 13-29.

キーマンは「経営者」「新規事業経験のある上司」「社外の新規事業担当者」

　では、新規事業の業績に対し、特に重要な影響を与えるのは誰からのどんなサポートでしょうか。

　図表40は、どの支援者のサポートが新規事業の業績に影響を与えているかを示すものです。重回帰分析を行ったところ、**新規事業の業績に影響しているのは「経営層からの内省支援」と「社外の新規事業担当者からの業務支援」**という結果が出ました。社外からの業務支援というのは、他社で同じような経験をしている人から具体的な業務にまつわるアドバイスやサポートを受けることですから、効果があるのはうなずけます。ここで注目したいのは、経営層からの内省支援についてです。フィードバックするためには、新規事業の分野について、創る人と同等かそれ以上の知識と思考が必要です。さらに、会社の現状や方向性と合わせて新規事業の進むべき方向を示すことができる経営層のサポートは、大きな

図表 40　周囲からの支援と新規事業の業績の関係

 誰からのどんなサポートが業績に影響を与えるのか？

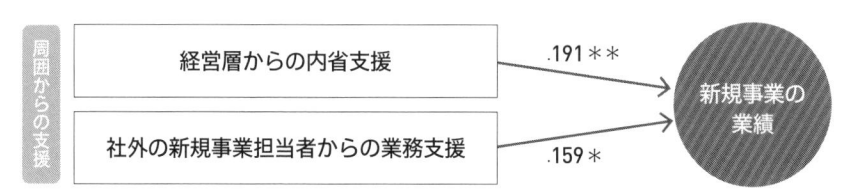

キーマンは「経営層」と「社外の新規事業担当者」。
「経営層からの内省支援」、「社外の新規事業担当者からの業務支援」が事業を育てる！

周囲からの支援

| 経営層からの内省支援 | .191＊＊ → |
| 社外の新規事業担当者からの業務支援 | .159＊ → |

新規事業の業績

注 1：統制変数には「性別（ダミー）、年齢、業種（ダミー）、新規事業担当期間、既存事業での業務経験（ダミー）、過去の新規事業経験（ダミー）を投入し、独立変数を各関係者「経営層」「直属の上司」「同じ職場の同僚・後輩・部下」「他の職場の上位者」「他の職場の協業者」「社外の新規事業担当者」「その他の社外関係者」「家族・知人・友人」「その他」）から受ける「内省支援」「業務支援」「精神支援」とし、「新規事業の業績」を従属変数とした重回帰分析を行った（Adjusted R^2=.066）。
注 2：矢印はプラス（正）の影響を意味している。矢印の上にある数値は影響度（β）の強さを示している。
注 3：数値の隣の＊は 10% 有意水準、＊＊は 5% 有意水準を表す（有意水準は数値が小さいほど、示された関係が統計的に意味がある可能性が高いことを示す）。

助けとなることは明らかです。事業を創る経験は経営経験そのものです。そのため、経営経験のある経営者からの支えが重要になります。

　経営層が新規事業にもたらす影響について、さらに詳しく見ていきましょう。図表41は、執行役員以上の経営層が管掌している新規事業と業績の関連を示すデータです。低業績の割合が10.8%であるのに対し、中業績になると27.3%、高業績では33.7%と増加していくのがわかります。この結果から、**経営層が管掌している新規事業ほど業績が上がりやすい**ということがわかります。

　また、支える人が新規事業経験を持っているか否かによって新規事業の業績が異なることが調査で明らかになっています。図表42は、上司が新規事業経験のある新規事業担当者の業績を示すデータです。低業績者のうち、「上司に新規事業の経験がある」と答えている人の割合は49.5%ですが、中業績者は55.1%、高業績者は59.7%と、業績が上がるほど上司の新規事業の経験者率も増加しています。この結果から、**新規事業をつくった経験のある上司のもとでは部下の業績も高くなる**という傾向が明らかになりました。事業を創る力は、事業創出の経験者による経験の振り返りとサポートによって育まれると言えます。

　以上の結果から、支える人のキーマンは「経営層」「新規事業経験のある上司」「社外の新規事業担当者」であることがわかります。経営層が管轄者になることで組織内における新規事業の立ち位置が明確になります。それによって、既存事業部門における批判を抑えることができるだけでなく、自ら経営層がコミットすることで建設的なアドバイスを行うことが可能になります。また、実際に新規事業を経験したことがある上司であれば、事業を創る人の視点に立ったフィードバックを与えることができます。さらに、実務上のさまざまな悩みは、同じような経験をしている他社の新規事業担当者からのサポートによって解決できます。

図表 41　経営層の管掌と新規事業の業績の関連

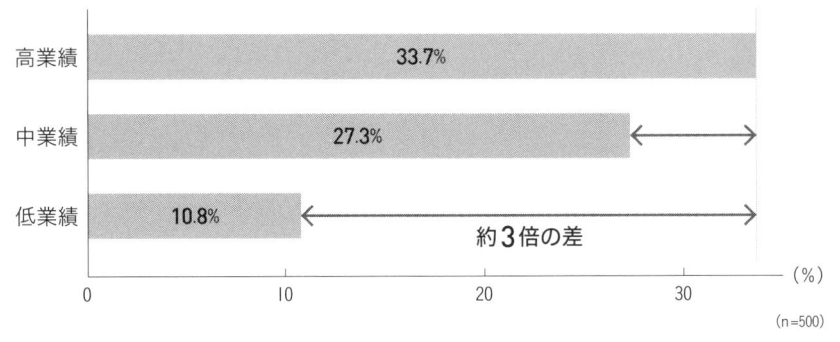

Q 経営層の管掌と新規事業の業績に関連はある？

A 経営層が管掌している新規事業ほど、業績が上がりやすい。

執行役員以上の経営層が管掌している割合

- 高業績　33.7%
- 中業績　27.3%
- 低業績　10.8%

約**3**倍の差

0　　　10　　　20　　　30　(%)

(n=500)

出所：田中聡・中原淳 (2017)「事業を創る人と組織に関する実態調査」

図表 42　直属上司の新規事業経験の有無と新規事業の業績の関係

Q 事業を創る人は、事業を創った人のもとで育つ？

A 新規事業を経験した上司ほど、部下の業績がよい。

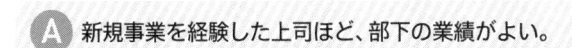

直属上司が新規事業を経験している割合

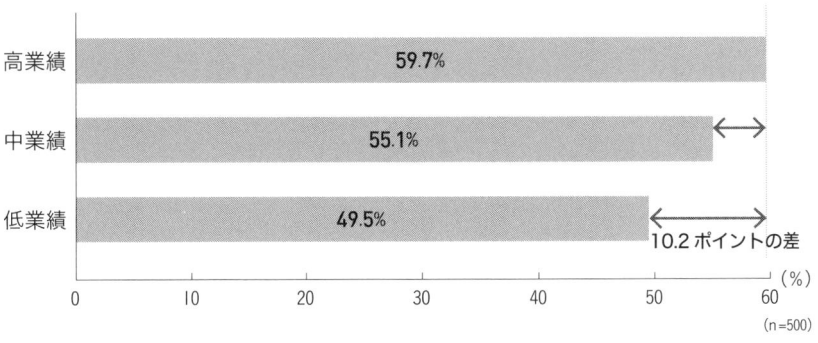

- 高業績　59.7%
- 中業績　55.1%
- 低業績　49.5%

10.2 ポイントの差

0　　10　　20　　30　　40　　50　　60　(%)

(n=500)

出所：田中聡・中原淳 (2017)「事業を創る人と組織に関する実態調査」

4 創る人を支える人

　それでは、経営層と直属の上司はどのようなスタンスで新規事業にコミットし、創る人にサポートを行っていくべきでしょうか。また、社外の新規事業担当者とはどのような関わりを持つことが望ましいのでしょうか。

　ここではデータをもとに、**経営層は一発必中型スタンスと多産多死型スタンスのどちらで創る人にコミットすべきか、上司は専任と掛け持ちのどちらのほうがよい業績を出せるのか、社外の創る人とはどのような関わりを持つべきか**、について確認していきます。

経営者がとるべきスタンスは？

　経営層としては、創る人に対し、一発必中型スタンスで厳しく成果を追求していくべきか、あるいは、多産多死型スタンスで寛容に成長を見守るべきかという姿勢の問題があります。一発必中型とは「新規事業は1回で必ず成功させるもの」と考え、最初から成果を強く求めるタイプです。一方、多産多死型とは「新規事業はトライアンドエラーを繰り返すもの」と考え、失敗に寛容なタイプです。

　新規事業の成功を収めるためには挑戦母数を増やすことが大事だと考えれば、多産多死型スタンスであるほうが望ましいようにも思えます。

60）図表43の「一発必中型スタンス」は、筆者らが独自に作成した質問項目を用いて尺度構成しました。「一発必中型スタンス」を構成する質問項目には、「会社の経営層は、新規事業は必ず成功させるものだという考えを持っていた」「成功する見込みが確実視できる事業アイデアでないと承認されることはなかった」など4項目があります。

図表 43　経営層の新規事業に対する考え方と業績の関連

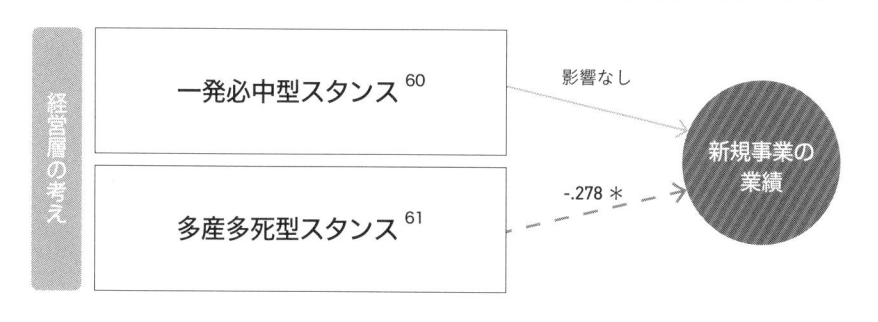

経営層の多産多死型スタンスは、新規事業にマイナスの影響をおよぼす。

経営層の考え

一発必中型スタンス[60]　　影響なし

多産多死型スタンス[61]　　-.278 ＊

新規事業の業績

注 1：統制変数には「性別（ダミー）、年齢、業種（ダミー）、新規事業担当期間、既存事業での業務経験（ダミー）、過去の新規事業経験（ダミー）」を投入し、独立変数を「一発必中型スタンス」「多産多死型スタンス」とし、「新規事業の業績」を従属変数とした重回帰分析を行った（Adjusted R^2=.066）。
注 2：矢印はマイナス（負）の影響を意味している。矢印の上にある数値は影響度（β）の強さを示している。
注 3：数値の隣の＊は 10％有意水準を表す（有意水準は数値が小さいほど、示された関係が統計的に意味がある可能性が高いことを示す）。

実際に、この 2 つのスタンスと新規事業の業績の関連を重回帰分析した結果が図表43です。

　図表43は、**経営層が新規事業に対して多産多死型スタンスを持っているほど、新規事業の業績は低くなる**という結果を示しています。多産多死型のほうが望ましいという予想に反し、経営層が多産多死型スタンスをとってしまうと業績を下げる効果があるというのです。

　これは一体どういうことでしょうか。確かに 1 回のチャレンジで新規事業を必ず成功させると考えるのは非現実的かもしれません。しかし、だからといって、新規事業の立ち上げ段階から経営層が失敗に寛容であることを提示していては、創る人の甘えを生んでしまい、新規事業の茨の道を歩んで障害を乗り越える力にはつながらないということを示唆していると考えられます。

　ここで注意が必要なのは、この結果が示唆することは、決して既存事業における成果主義を持ち込むということでも、失敗を責めるというこでもなく、「やるからには成功させよう」という一意専心の覚悟が一

61）図表43の「多産多死型スタンス」は、筆者らが独自に作成した質問項目を用いて尺度構成しました。「多産多死型スタンス」を構成する質問項目には、「会社の経営者は、ほとんどの新規事業は失敗するという考えを持っていた」「新規事業の失敗に対して寛容な組織であった」など 4 項目があります。

つひとつの新規事業において必要だということです。経営層には常に成功させるという強いコミットメントで新規事業と関わる姿勢が求められ、安易な多産多死型スタンスはかえって事業の成功を阻害する可能性があるということです。

　新規事業に対する経営層の強いコミットメントを示す例として、欧米企業の事情を取り上げておきます。欧米では、新規事業がうまくいっている会社の特徴として「**既存事業と新規事業では、トップのコミットメントが明確に違う**」と言われます。既存事業に関しては優れたリーダーに完全に権限を委譲し、「トップの役割は新規事業を自ら生み出すこと」だと明確に定義しているのです。

　例えば、ゼネラル・エレクトリック（GE）やプロクター・アンド・ギャンブル（P&G）は、トップ自らが新規事業を生み出す役割を担っている代表的な企業です。新規事業を生み出す上で生じる既存事業との軋轢は日本企業に限った話ではありません。世界を代表する外資系企業でも組織内部の問題を避けては通れません。そこで、既存事業関係者からの批判を最小限に留めるという戦略的な意図を、トップ自らが行動によって示しています。

　日本企業の場合、経営層による新規事業へのコミットメントはどの程度あるのでしょうか。

　図表44は、独自調査で新規事業部門の責任者の役職を調査したデータです。「会長・社長クラス」は回答者全体の５％程度、「取締役・執行役員クラス」は20％程度となっています。このことから、**新規事業部門の３割弱が経営層の直轄組織として運用されている**ことがわかります。

　もちろん直轄組織にしているだけでは十分ではありません。繰り返しますが、経営者だからといって「必ず当たる新規事業」を知っているわけではなく、正解はわからないものです。

図表 44　新規事業部門の責任者の職位

3割弱が経営幹部の直轄組織になっている。

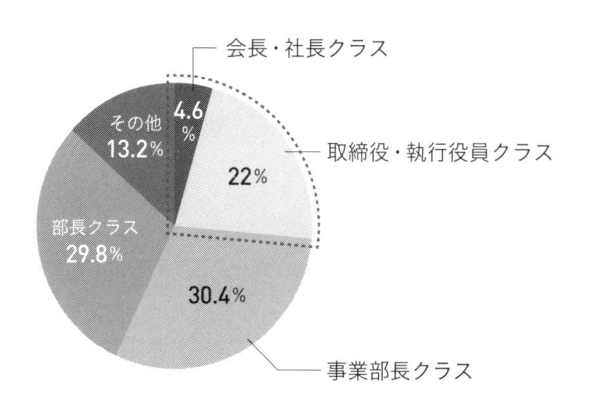

会長・社長クラス

取締役・執行役員クラス

その他
13.2%

4.6%

22%

部長クラス
29.8%

30.4%

事業部長クラス

(n=500)

出所：田中聡・中原淳 (2017)「事業を創る人と組織に関する実態調査」

　新規事業では誰も「正解」を知りません。否、新規事業にはそもそもはじめから「正解」が存在しているわけではなく、成果を出した事業が「正解」なのです。だからこそ、**経営層は「評価する」立場から現場に降り、新規事業部門の人々と一緒に考えて議論を重ねていくことが「正解」に近づく唯一、最良のアプローチなのです。**

　さらに言えば、経営層自ら創る人となって率先垂範して新規事業を生み出し、舵を切る姿勢が時には必要です。なぜなら、トップの姿勢は、全社の事業を創る風土を醸成する上で最もよいシグナルになるためです。経営層は従業員に挑戦させたいと願うものですが、「そういう自分はどうなのか？」と自ら覚悟を問い直すことが大切です。従業員に挑戦させたいのなら経営層自らも「挑戦」にコミットすべきでしょう。

専任上司と掛け持ち上司。成果を出すのはどっち？

次に、創る人を支えている上司の実態を見ていきます。

経営幹部となると専任で新規事業だけを見ているわけではないと考えられます。そこで、他部門との掛け持ちで新規事業を見ている上司の割合を調査したのが図表45です。それぞれの役職ごとに、専任と兼任の割合を見ると、「取締役・執行役員クラス」「事業部長クラス」「部長クラス」のどの層においても、**兼任、つまり掛け持ち上司のほうが若干多い**ことがわかります。

それでは、専任上司と掛け持ち上司、実際に成果を上げているのはどちらでしょうか。

高業績部門の責任者を役職別に示したのが図表46です。高業績を出している新規事業部門の責任者が「部長クラス」である場合、専任が約20％、掛け持ちが約14％で専任のほうが多いことがわかります。部門の責任者が「事業部長クラス」である場合、専任と兼任どちらも約18％と差が見られません。一方、「取締役・執行役員クラス」になると、専任が約10％、掛け持ちが約20％となっており、高業績部門の責任者には既存事業との掛け持ち役員の割合が多くなっています。この結果から、**若手の上司であるほど新規事業に対して専任であるほうが**、役員クラスは他**部門と掛け持ちをしている上司のほうが業績は高い**と言えそうです。

部門の責任者が部長クラスの新規事業は、まだ予算規模が相対的に小さく、全社の経営に与える影響はそれほど大きくないと考えられます。そうした新規事業では、上司が“風見鶏上司”と化さないためにも既存事業でのキャリアを断ち、主体者として新規事業にコミットする姿勢が求められるということです。

図表 45　直属上司の新規事業部門に対する関わり

Q 専任上司と掛け持ち上司。多いのはどっち？

A 他部門との掛け持ち上司が多い。

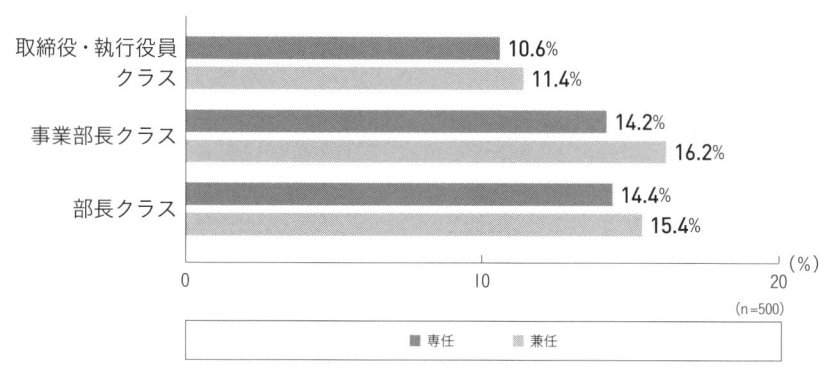

取締役・執行役員クラス	10.6%	11.4%
事業部長クラス	14.2%	16.2%
部長クラス	14.4%	15.4%

0　　　　　　10　　　　　　20 (%)
(n=500)

■ 専任　　■ 兼任

出所：田中聡・中原淳 (2017)「事業を創る人と組織に関する実態調査」

図表 46　直属上司の関わりと新規事業の業績の関連

Q 専任上司と掛け持ち上司。成果を出す上司はどっち？

A 新規事業部門専任のほうがよいのは、上司の役職が事業部長・部長の場合。取締役・執行役員の場合、兼任のほうが望ましい。

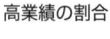

高業績の割合

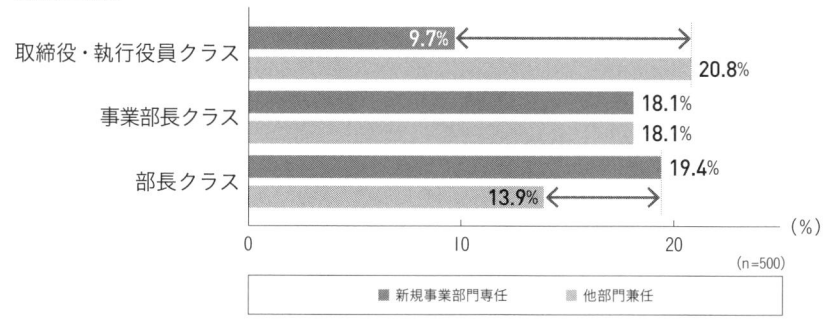

取締役・執行役員クラス	9.7%	20.8%
事業部長クラス	18.1%	18.1%
部長クラス	19.4%	13.9%

0　　　　　　10　　　　　　20 (%)
(n=500)

■ 新規事業部門専任　　■ 他部門兼任

出所：田中聡・中原淳 (2017)「事業を創る人と組織に関する実態調査」

一方、経営層が責任者である新規事業は予算規模も大きく、全社の経営に与える影響も小さくないことが想定されます。そうした事業では、新規事業部門としての独立性を維持しつつも既存事業から孤立しないよう、経営層が主体となって既存事業との交流機会を意図的に持つことが重要だと考えられます。このことは先行研究でも指摘されています[62]。

　多産多死型スタンスが業績に対してネガティブな影響を与えるデータ（図表43）から、経営層が一つひとつの新規事業にコミットすべきだとお伝えしました。経営層が兼任であるほうが望ましいとするこの結果は一見するとそれに矛盾するようにも思えますが、経営層が兼任として既存事業への影響力も持つ立場のまま、新規事業へのコミットを示すからこそ、効果があると考えられます。

社外の創る人と積極的に関わる機会を

　最後に社外との関係性について見ていきましょう。社外との関係性を持つことによって得られる効果は次の6つに整理されます（図表47）。

　①から順を追って、その効果について説明していきましょう。

①知の探索による外部資源の獲得

　事業を創るには、2つの異なる組織的な活動を同時に行うことが必要です。ひとつは、自分たちの組織がすでに持っている知識を発掘する「**知の活用**（Exploitation）」と呼ばれるものです。もうひとつは、自分たちの組織にはない新しい知識を探究する「**知の探索**（Exploration）」と呼ばれるものです。

　平たく言えば、持ち合わせの知識を深堀することと、新しい知識を探索すること、この2つの異なる組織的な活動を高い次元でバランスよく行うことが求められるのです。このことは経営学では、「**両利きの経営**（Ambidexterity）[63]」という概念で紹介されています。

62) O'Reilly 3rd, C. A. & Tushman, M. L. (2004) "The ambidextrous organization," *Harvard Business Review*, 82, 74-81.

63) Gibson, C. B. & Birkinshaw, J. (2004) "The antecedents, consequences, and mediating role of organizational ambidexterity," *Academy of Management Journal*, 47(2), 209-226.

図表 47　社外との関係性を持つことによって得られる 6 つの効果

事業での成果に対する効果	①知の探索による外部資源の獲得 ②事業アイデアに対する客観的評価の獲得 ③著名効果（社内政治効果）の活用

事業を創る人の成長・学びに対する効果	④置かれた境遇の相対化 ⑤自己の市場価値の認識（自己効力感の増大） ⑥自組織に対するエンゲージメントの促進

　実際に、新規事業を通じて成果を上げている企業ほど、両利きの経営を実践しているという研究結果が発表されています[64]。しかし、両利きの経営を実践することは容易ではありません。既存事業で成功している企業は、過去の成功体験に引っ張られて知の活用に偏りがちで、外部の知識を積極的に取り入れる知の探索をおろそかにしがちです。こうした「**コンピテンシー・トラップ**」から脱するには外部との関係性を持つことが有効です。外部との関係性を持つことは、外部から情報や顧客、商品などの資源を獲得することにもつながります。

②事業アイデアに対する客観的評価の獲得

　社内では、組織の構造上のさまざまなしがらみや関係者による先入観などが邪魔をし、新規事業に対する市場からの評価や今後の成長可能性について客観的な評価が得られにくいという欠点もあります。視野を狭めないためにも、外部の専門家や事業の直接の顧客から意見をヒアリングし、事業の改善に生かすことは重要です。

64) Katila, R. & Ahuja, G. (2002) "Something old, something new：A longitudinal study of search behavior and new product introduction," *Academy of Management Journal*，45(6)，1183-1194.

③著名効果（社内政治効果）の活用

　知の探索や客観的評価を経て生み出された事業アイデアに対し、社内の承認を取りつけ、実現させていく段階では、外部、特に著名な会社や人物による権威づけが効果的です。このことを経営学では「**著名効果**」と言います。

　新規事業のように成功確率を見通すことが非常に難しい分野では、すでに知名度のある企業の支援や社会的地位の確立した専門家の支持が、会社の意思決定プロセスを円滑に進める上で有効に働きます[65]。実際に、大企業における新規事業創出の事例を調査した研究では、この著名効果を活用して推進することの有効性が明らかになっています[66]。

④置かれた境遇の相対化

　新規事業の予算規模にもよりますが、事業の立ち上げは数名程度の少人数で行われることが多く、1人で担うケースも少なくありません。社内で新規事業を経験した人を見つけることも難しい環境の中で、自分が今置かれている境遇を客観的に把握できないまま、「なぜ、自分だけがこんな辛い思いをしているのだろう」と悲観的になりがちです。

　社外の新規事業担当者たちと境遇を共有し合うことは「自分だけじゃなく、どこの会社でもある問題なんだ」と客観視できるようになり、安心できます。創る人の精神的負担の度合いは事業の成功を左右する重要な問題のため、この効用は大きな意味を持ちます。

⑤自己の市場価値の認識（自己効力感の増大）

　創る人は、社内から否定され、なかなか成果も出ない状況の中で、次第に自己に対する信頼感や有能感といった「**自己効力感**」が低下していきます。しかし、外の世界に目を転じると、事業を創る経験を持つ人材の希少性に気づきます。社外の人からは「すごく貴重な経験をしているね」と評価されることも少なくありません。

65) Stuart, T. E., Hoang, H. & Hybels, R. C.（1999）"Interorganizational endorsements and the performance of entrepreneurial ventures," *Administrative Science Quarterly*, 44(2), 315-349.

66) 伊藤嘉浩（2005）「新規事業開発プロセスにおける社外の著名企業の効果——ソニーの家庭用ゲーム機「プレイステーション」の新規事業の事例分析」『ベンチャーズ・レビュー』(6)、71-78.

　事業を創る経験の希少価値や経験から得た学びの大きさに気づくことで、失いかけていた自信を取り戻す効果が期待できます。中には「社内で浮かばれない立場なのであれば、うちでやってみない？」と他社から誘いを受けて、転職に踏み切る担当者も珍しくありません。

⑥自組織に対するエンゲージメントの促進

　社外との交流は、創る人個人だけでなく、所属する会社や組織を相対化するよい機会にもなります。例えば、社内にいると「いきなり新規事業を押しつけておいて、誰も協力しようとしないし、経営層が考えていることがわからない」など欠点ばかりに目が行くものです。経営層は手厚くサポートすべき、既存事業も全面協力すべきだ、エース級の部下も集めてほしい……など、つい理想的な環境を追い求めてしまいがちです。

　しかし、社外との交流を深めていくうちに、そのような理想郷など存在しないことに気づきます。社外の状況と比較して「うちの会社にも案外いいところがあるんだな」と肯定的な見方に転じる場合も少なくありません。

　以上、6つの効用を見ていきましたが、このように、新規事業が社外と関係することには多くのメリットがあります。ただし、社外との交流活動ばかりに注力しているとそれ自体が目的化してしまい、新規事業で成果を出すという本来の目的を見失ってしまいがちになります。

　特に最初の3つ（①知の探索による外部資源の獲得、②事業アイデアに対する客観的評価の獲得、③著名効果（社内政治効果）の活用）は、**社外で獲得した知識・資源・ネットワークを社内に還流しないことには効果がありません。**いかに社内で活用できるかという観点を常に念頭に置いた上で、外部との関係を築くことが大切です。

第4章 まとめ

▷創る人の悶絶経験は、4つのタイプに分けられる：「既存事業部門」ジレンマ、「経営層・上司」ジレンマ、「部下」ジレンマ、「自己」ジレンマ。

▷創る人は孤独な戦いに耐えねばならず、支えを必要としている。

▷支える人のキーマンは、「経営者」「新規事業経験のある上司」「社外の新規事業担当者」。

▷経営者は、安易な多産多死型スタンスではなく、深くコミットすることが求められている。

▷新規事業部門の責任者が部長クラスの場合は専任体制、役員クラスの場合は掛け持ち体制が望ましい。

▷社外の創る人とは積極的に交流すべきだが、そこで得た知見を社内で活用するという第一目的を忘れずに。

第 5 章

創る人と事業を育てる組織

　第 4 章で、任命後に支える人が創る人に伴走し、支援することがいかに重要かをお伝えしました。しかし、構造上の問題に対し、創る人と支える人だけではできることに限界があるため、構造そのものを変革する必要性もあります。今、新規事業をうながす組織をつくる「新規事業のための組織開発（Organizational Development）」が求められています。

　そこで本章では、創る人と事業を育てる組織を創る上で気をつけるべきポイントをお伝えします。具体的には、目指すべき既存事業と新規事業の関わり方、新規事業に前向きな組織風土をつくるのに必要な視点、そして創る人への評価方法や処遇、その後のキャリアの考え方を見ていきます。

1 既存事業との対立構造に どう向き合うか

　既存事業部門との対立から創る人が抱えるジレンマについては、第4章で詳しくお伝えしたとおりです。しかし、既存事業と新規事業の間に生じた深い対立構造の解決を、経営層だけに委ねるには限界があります。

　それでは、既存事業部門との無用な対立を避けて既存事業と新規事業が両立する、そんな組織づくりをどうすれば実現できるのでしょうか。最近では「2階建ての経営」の重要性が盛んに強調されています[67]。これは、**1階は計画に基づく経営、2階は探索や実験を行う経営**と分け、両者を同時並行かつ異なる経営スタンスで行うことで、企業の中長期の成長を実現させる経営手法です。

　もっとわかりやすく言ってしまえば、新規事業が既存事業から切り離される、いわば"出島"をつくること。つまり、新規事業部門を鎖国状態にし、関与できる人間を制限してしまうのです。

　この「**出島モデル**」は、既存事業とは異なる経営体制や意思決定プロセスを取り入れ、既存事業の合理性が安易に持ち込まれない状況を意図的に創り出そうという仕組みです。創る人にとって、既存事業部門からの"ありがたノイズ"や"スキヤキ・シンキング"に煩わされることなく、新規事業に集中できるようになるという点で大きなメリットがあります。

67) 経済産業省 (2016)「イノベーション100委員会レポート」.

「出島モデル」の功罪

　組織の構造を変えることで、既存事業部門の論理で新規事業の方針が左右されてしまう問題を解決するアプローチが、出島モデルです。一見、2 階建ての経営がうまく機能し、創る人が新規事業に専念できる最適なモデルに思えます。しかし、この出島モデルにも課題はあります。

　最大の課題は、既存企業で新規事業を立ち上げる利点でもあり、一番の特徴であるはずの既存事業との交流機会が途絶えることです。なぜなら、新規事業が既存事業からシャットアウトされてしまえば、これまで既存事業が培ってきた顧客や技術、人材といった企業がすでに持っている資源を、新規事業に活用することが難しくなってしまうからです。

　さらに、既存事業からの批判の多くは「新規事業が何の目的でどのような事業を行っているのかよくわからない」という理解不足から生じる問題といっても過言ではありません。ですから、交流機会を断つことが、かえって両者の対立を根深くしてしまうというマイナスの影響も見逃してはなりません。

　つまり、**新規事業部門と既存事業部門との距離関係は、近すぎると無用な軋轢を生み、遠すぎると貴重な経営資源を活用できない、という二律背反の関係にある**のです。新規事業を企てるということは、この二律背反の"矛盾"に腹をくくって向き合うことです。

最大の武器は社内にあり
──ゼロイチ信奉の罠

先にもお伝えしたように、出島モデルによって既存の社内資源を活用できなければ、それは組織にとっては大問題です。なぜなら、**自社資源の活用こそが、成熟した企業の中で新規事業を生み出す最大のメリット**だからです。

自社資源の活用がメリットであることは、中小企業庁の調査データでも示されています[68]。図表48は、新規事業で成果を上げた中小企業446社を対象に、その事業分野に進出した理由を調査したものです。調査の結果、進出理由の第1位は「自社の技術・ノウハウを生かせる」ことで66.4％の割合を占めています。第2位も「自社製品・サービスの提供ルートを生かせる」という理由です（35％）。つまり、既存企業の場合、**社内に活用できる資源があるからこそ、新規事業は成功することができる**と言えます。

また、図表49のデータでも、自社資源の活用と新規事業の成果の関連は示されています。これは、新規事業で成果を上げた企業444社と成果を上げられなかった企業322社を対象に、事前の取り組みにおける違いを調査した結果です。

成果を上げた企業と成果が出なかった企業との間で最も大きな差が出ているのは「自社の強みの分析・他社研究」です。成果を上げた企業の44.8％と約半数近くが自社分析に取り組んでいるのに対し、成果を上げられなかった企業で行っていた割合は23.6％に留まり、約2倍もの差がついています。

他社と比べて自分たちの会社の強みがどこにあって、どういう資源を活用すればシナジーが生まれるか、そうした事前の分析が新規事業で成果を出せるか否かに大きく影響してきています。これは、会社を一から立ち上げて起業することと、企業の中で新たに事業を立ち上げることの

68) 中小企業庁委託 (2012)「中小企業の新事業展開に関する調査」(三菱UFJリサーチ＆コンサルティング).

図表 48　自社資源の活用

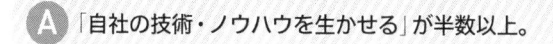

Q 新事業展開で成果を上げた企業の事業分野の選択理由は？

A 「自社の技術・ノウハウを生かせる」が半数以上。

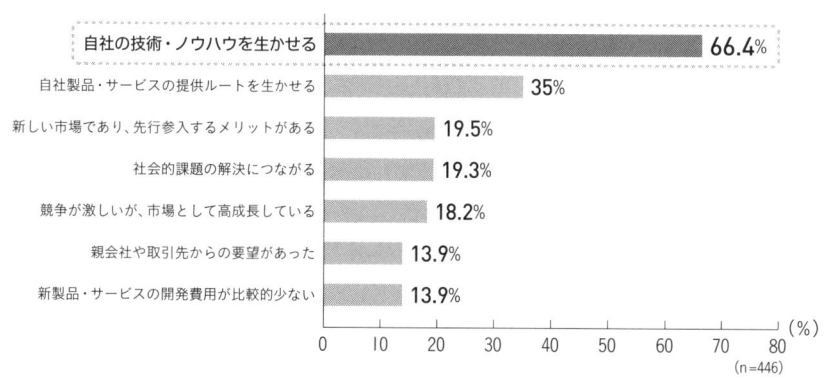

自社の技術・ノウハウを生かせる	66.4%
自社製品・サービスの提供ルートを生かせる	35%
新しい市場であり、先行参入するメリットがある	19.5%
社会的課題の解決につながる	19.3%
競争が激しいが、市場として高成長している	18.2%
親会社や取引先からの要望があった	13.9%
新製品・サービスの開発費用が比較的少ない	13.9%

(n=446)

出所：中小企業庁委託 (2012)「中小企業の新事業展開に関する調査」(三菱 UFJ リサーチ＆コンサルティング)

図表 49　事前の取り組みと新規事業の成果との関連

Q 新規事業展開に際して、事前に取り組んだことは？

A 新規事業の成否を分ける事前の準備は、「自社の強みの分析・他社研究」。

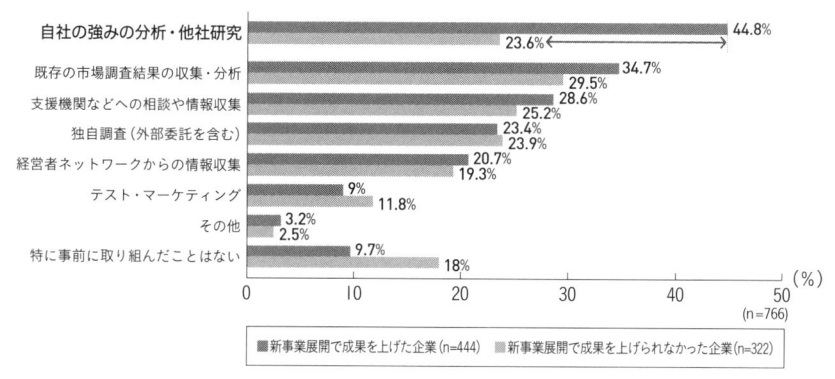

自社の強みの分析・他社研究	44.8%	23.6%
既存の市場調査結果の収集・分析	34.7%	29.5%
支援機関などへの相談や情報収集	28.6%	25.2%
独自調査（外部委託を含む）	23.4%	23.9%
経営者ネットワークからの情報収集	20.7%	19.3%
テスト・マーケティング	9%	11.8%
その他	3.2%	2.5%
特に事前に取り組んだことはない	9.7%	18%

(n=766)

■新事業展開で成果を上げた企業(n=444)　■新事業展開で成果を上げられなかった企業(n=322)

出所：中小企業庁委託 (2012)「中小企業の新事業展開に関する調査」(三菱 UFJ リサーチ＆コンサルティング)

大きな違いであり、企業における新規事業のメリットと言えるでしょう。言い換えれば、**自社の資源を活用できなければ、企業内で新規事業を立ち上げるメリットはない**のです。

　なぜ、既存の資源を生かすことがそんなにも重要なのでしょうか。それは、イノベーションが「すでにあるものと新しいものを結びつけること」だからです。イノベーション研究の祖である経済学者ヨーゼフ・シュンペーターは、かつてイノベーションを「**新結合**（ニューコネクション）」[69]と定義しました。

　これを企業内の新規事業に当てはめると、第1章でも触れたように「事業を創る」とは、単に新しいものを生み出すことではなく、既存事業を通じて蓄積された資産、市場、能力を活用して、経済成果を生み出す活動になります。つまり、新規事業とは"既存事業に新しい何かを結びつけること"だと言えます。バスケットボールにおけるピボットターンのように、自社の既存資源や立ち位置を"軸足"としながら、もうひとつの足で外部の知を探索していくことが、新規事業を成功させるための必須条件なのです。

　新規事業界隈で頻出する「ゼロからイチを生む」という言葉は、それこそ「なんの軸もない、本当にまっさらな状態から何かを提案し、創り上げなくてはならない」と思われがちですが、こうした**「ゼロイチ信奉」は大きな誤解**です。いくら「ゼロからイチを生む」と言っても、成熟した企業における新規事業はそもそも完全なゼロではなく、資源がある状態からのスタートになるからです。自社ですでに使われている素材を他の販路や市場、使われ方など、掛け合わせを変えることで新しい製品・サービスとして活用できそうなものが新規事業です。これまでのデータでも示したとおり、新規事業の最大の武器は、実はすでに組織の中に存在しているのです。

69) Schumpeter, J. (1926) *Theorie Der Wirtschaftlichen Entwicklung*，Dunker & Humblot（塩野谷祐一・中山伊知郎・東畑精一訳 (1977)『経済発展の理論』岩波文庫）.

多くの人は「ゼロイチ信奉」に傾倒するあまり、すでにある武器を見落としたり、うまく活用できなかったりして失敗するのです。自社資源を活用せずに新規事業を立ち上げて失敗するのは、ゲームで武器も持たずに町の外に出て最弱のモンスターにやられてしまうようなものです。

競合他社にはない模倣不可能な企業固有の強みのことを、経営学では「コアコンピタンス」[70]**と言います。**まずは、自社のコアコンピタンス、すなわち武器が何か、それを生かすにはどんな事業をすべきかを考えるのが、新規事業を成功させるための一番の近道となります。

既存事業と新規事業、その遮断と接続のバランスとは

新規事業と既存事業は、会社の経営資源を獲得する上で競争関係にあるため、適度な距離感を保って関わる必要があります。そして、既存事業からのネガティブな影響はなるべく受けずに、資源を活用することが求められます。そのためには"遮断するもの"と"接続するもの"のバランスをとることが重要になります。

まず、遮断するべきは**事業マネジメントの方法**です。第4章でお話しした創る人が直面するジレンマにもあったとおり、KPIマネジメントなど既存事業と同じ方法で新規事業を管理しようとしても既存事業のような結果は出てこないので、管理する側もされる側も苦しむことになります。よって、事業マネジメントの方法、すなわち事業や人を評価する基準などは、既存事業とは完全に分け、新規事業に適したマネジメント手法を取り入れる必要があります。

また、**財務管理の方法**も遮断すべきでしょう。資金に関して明確に分けて運用しないと、既存事業からは「俺たちの金で好き勝手なことをやりやがって」という"スキヤキ・シンキング"のような反発が出ます。

---

70) Hamel, G. & Prahalad, C. K. (1994) *Competing for the Future*, 1994，Harvard Business School Press（一條和生訳（1995）『コア・コンピタンス経営──大競争時代を勝ち抜く戦略』日本経済新聞社）.

また、既存事業の減収を補うために新規事業の予算が充てられてしまい、いつまでも本腰を入れられないといった問題も生じます。誤解から生じる批判から新規事業を守るためにも、財務管理についても意図的に離しておくことが必要です。

そうは言っても、新規事業が軌道に乗り、収益を上げるまでの費用に関しては、既存事業から捻出せざるを得ないことも多いでしょう。特に**人件費**の問題は複雑です。新規事業部門の社員を既存事業部門と兼務させて、人件費分は既存事業部門から捻出するということはよくあるパターンです。すると、新規事業は見かけ上はそんなに赤字が多くないように見えても、人件費や諸経費を鑑みると赤字だったりします。しかも、その費用が既存事業の資金から出ているとなると、既存事業部門からの反発が生まれるだけでなく、新規事業部門でも「人件費分は既存事業から出ているから失敗したって別にいいや」と緩みが生じる可能性を否定できません。

財務管理のあり方については、既存事業との関係に最も影響を与えます。全ての組織に適用できる唯一絶対の解はありませんが、どの勘定科目を遮断・接続するのかを明確にするだけでなく、全社が納得するようにレビューしていく工夫が必要になります。

一方、**既存事業の持つ人材や技術・顧客・販売チャネルなどの経営資源については共有できるように接続しておく仕組みを用意する**必要があります。そのためには、役員・経営幹部層など会社内で影響力を持つ人材の配置が重要な鍵を握ります。

第4章で詳しくお伝えしたように、役員・経営幹部層の人材を新規事業部門と既存事業部門を兼務体制で管掌することは、新規事業の業績にプラスの影響を与えることがわかっています。このことからも、役員・経営幹部層が新規事業部門と既存事業部門を兼務体制で管掌し、経営資源の橋渡し役になることが有効なアプローチと言えるでしょう。

　すなわち、**新規事業は、出島モデルにして既存事業から遮断しつつ、太い橋をかけて権力者を往来させて一定の接続は保つ、といったバランス状態を模索する**必要があるでしょう。いくら経営層が「既存事業部門と新規事業部門とが手を取り合って仲良くなろう」と訴えたところで、新規事業が軌道に乗るまでは既存事業に頼らざるを得ないのが現実、それに対して既存事業部門の批判を根本から断ち切ろうとしても一朝一夕にはうまくいきません。しかし、既存事業との橋を影響力のある経営層が行き来しながら、うまくコンフリクトをマネジメントできる構造になれば、無用な社内対立を避けることはできます。

2 人と事業を育てる組織風土

　ここまで、既存事業との間に生じる対立関係を、組織体制や経営プロセスなど仕組みで解決するアプローチについて見てきました。近年、注目を集める2階建て経営や出島モデルの可能性と限界を示し、既存事業と"遮断すべきこと"と"接続すべきこと"のバランスをとることが重要だとお伝えしました。

　しかし、育てる組織をつくるには「対立関係の解決」というネガティブアプローチだけではなく「協働関係の構築」というポジティブアプローチにも目を向ける必要があります。なぜなら、新規事業と既存事業の関係は、経営資源の獲得をめぐる競合関係という側面がクローズアップされがちですが、本来、会社の未来を創る両輪として相互補完的なパートナー関係にあるからです[71]。**対立関係から協働関係へ、両者の関係をシフトできれば、事業を創る人が活躍する組織の実現に向けて大きく前進することでしょう。**

　既存事業との協働関係を構築するためには、これまで見てきたような新規事業部門に対する支援・介入だけでは不十分で、既存事業部門に対する働きかけ、さらに言えば、会社全体の新規事業に対する前向きな風土づくりにも積極的に取り組んでいくべきなのです。

　そこで、ここからは、まず**組織風土が新規事業の業績に与える影響**をお伝えし、**新規事業に対する前向きな風土づくりのためのヒント**を探っていきたいと思います。

71) 丹羽清 (2010)『イノベーション実践論』東京大学出版会.
72) 図表50の「新規事業に肯定的な組織風土」は、筆者らが独自に作成した質問項目を用いて尺度構成しました。「新規事業に肯定的な組織風土」を構成する質問項目には、「新規事業に対する他部門からの期待を感じていた」「社内には、新規事業を応援しようとする風土があった」など4項目があります。

図表 50　新規事業に対する組織風土と新規事業の業績の関係

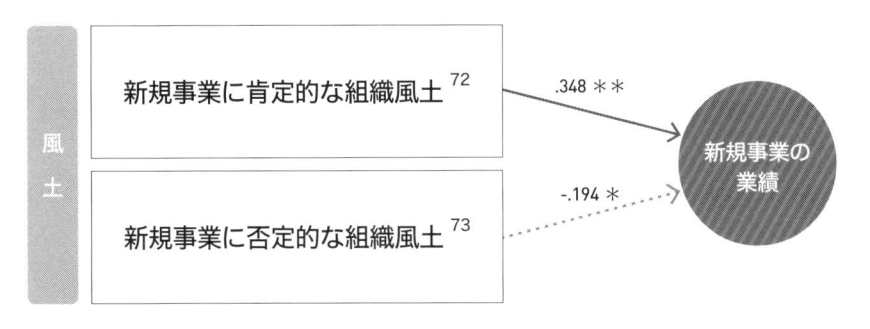

出所：田中聡・中原淳 (2017)「事業を創る人と組織に関する実態調査」

注 1 : 統制変数には「性別（ダミー）、業種（ダミー）、役職（ダミー）、新規事業タイプ（ダミー）、新規事業の規模、既存事業での業務経験（ダミー）、過去の新規事業経験（ダミー）」を投入し、独立変数を「新規事業に肯定的な組織風土」「新規事業に否定的な組織風土」とし、「新規事業の業績」を従属変数とした重回帰分析を行った（Adjusted R^2=.086）。

注 2 : 矢印の実線はプラス（正）の影響を示し、破線はマイナス（負）の影響を示している。矢印の上にある数値は影響度（β）の強さを示している。

注 3 : 数値の隣の＊は 10% 有意水準、＊＊は 5% 有意水準を表す（有意水準は数値が小さいほど、示された関係が統計的に意味がある可能性が高いことを示す）。

組織風土の重要性

　組織風土の重要性を理解するために、まずは、組織風土が新規事業の業績に与える影響を検証したデータをご覧ください（図表50）。

　重回帰分析の結果、**他部門からの期待が高く、新規事業を応援しようという組織風土は新規事業の業績を高める**ことがわかりました。一方、**お金の無駄遣いだと思われ、経営からの関心も薄い組織ほど、新規事業の業績は低い傾向にある**ことが明らかになりました。

　ここまで、会社の風土が新規事業の業績に対して大きく影響していることを確認しました。それでは、新規事業に対する肯定的な組織風土をつくるために、会社としてどのようなことに取り組む必要があるのでしょうか。

---

73)　図表50の「新規事業に否定的な組織風土」は、筆者らが独自に作成した質問項目を用いて尺度構成しました。「新規事業に否定的な組織風土」を構成する質問項目には、「社内では、新規事業はお金の無駄遣いだと思われていた」「経営層の多くは、新規事業より既存事業の業績に関心があった」など 5 項目があります。

ここでは、風土づくりの鍵を握る重要なキーワードである①会社の本気をトップ自らが示す、②創る人が損をしない仕組みをつくる、③全員が事業を創る人になる仕掛けを用意する、④新規事業を全社で育てる「育成事業」ととらえる、この4点を見ていきます。

①会社の本気をトップ自らが示す

　まず、新規事業に対する経営の本気度を明確に示すことが重要です。新規事業は“任せて終わり”では機能しません。**組織風土は、社長の訓示ではなく、実例によって徐々に醸成されていくもの**です。ですから、「これからは我が社も新規事業に力を入れていく」と100回力説するよりも、**社長自ら創る人になって新規事業の陣頭指揮をとる1度の実例のほうが組織風土の醸成には効果的**です。

　また、新規事業専門部署に新規事業に理解と実績のある担当役員を登用し、担当者には社内で誰もが一目置くようなエース人材を思い切って抜擢することも会社の本気度を示す上では効果的です。ただし、いくら既存事業で実績を上げたエース人材であっても、新規事業に対するモチベーションが伴わなければ新規事業が成功しないことは第3章でお伝えしたとおりです。このように、実際にトップ自ら新規事業を創る、また、エース人材を配置するという“実例”を積み重ねていくことが、新規事業を奨励・推進する組織風土づくりの第一歩と言えるでしょう。

②創る人が損をしない仕組みをつくる

　新規事業とは、そもそも成功確率が低く見通しも立ちにくい事業です。そのため、本来であれば既存事業以上に会社の手厚いサポートが必要なところですが、実際には第4章でお伝えしたように、残念ながらそ

うなっていないのが現状です。創る人は、非協力的な既存事業部門、反対ばかりの経営層、"ノープラン風見鶏上司"、戦力にならない部下、そしてマインドセットを変えられない自分自身と日夜対峙しながら、ゴールの見えない茨の道を孤独に歩んでいます。こうした境遇が十分に周囲に理解されることなく、既存事業と同じ基準で事業が評価されたり、人事評価がなされたりするようでは、いくら新規事業に興味があっても手を挙げて自らチャレンジする人は出てこないでしょう。

　もちろん、創る人を過大評価する必要はありません。しかし、少なくとも「事業を創る」という経験が既存事業での経験と比べて、キャリア上の損にならないように配慮する必要はあるでしょう。**新規事業での経験は、業績面で見た成功・失敗にかかわらず、経験それ自体が会社にとって貴重な財産になるはずです。**なぜなら、新規事業は会社にとって新たな事業領域の情報を得られるだけでなく、その領域で何をやればうまくいくのか（うまくいかないのか）という具体的な戦術面での手がかりを得ることができるからです。

　詳しくは、本章で後述しますが、事業を創る経験がキャリア上の損にならないような配慮として、「**新規事業に見合った評価基準を用意すること**」と「**セカンドチャンスも含めた新規事業後のキャリアパスを戦略的に設計すること**」の2点が重要です。

③全員が創る人になる仕掛けを用意する

　新規事業に前向きな組織風土をつくる上で、既存事業部門の理解は必要不可欠です。第4章で見たように、既存事業部門からの批判やミスコミュニケーションが生じる一因は、新規事業が直面する障害やジレンマを既存事業部門が認識していない問題があります。つまり、既存事業部門のメンバーには、創る人が置かれている状況や彼らが抱える「産みの苦しみ」を理解できないため、"スキヤキ・シンキング"や"金食い虫"

のような誤解が蔓延し、新規事業部門へ容赦ない非難の眼差しが向けられるのです。

　言い換えれば、「事業を創ること」に対する既存事業部門の理解が進めば、既存事業との無用な対立もなくなり、新規事業を前向きに応援する組織風土が醸成されると考えます。

　そのひとつのアプローチとして考えられるのが、既存事業でも新規事業にチャレンジできる仕組みを用意し、全員が「創る人になれる」状態を創り出すことです。例えば、既存事業部門の中に実験的組織を設け、既存事業の予算の中で事業を創ることが挙げられます。ポスト・イットを世に送り出したことで知られる３Ｍには「15％カルチャー」[74]という不文律があります。15％カルチャーとは、業務時間の15％程度を、興味のある分野の研究に使ってもいいとする３Ｍの社内ルールです。このように、業務時間の一定割合の時間で新しいことを生み出すための研究・開発に取り組むことを奨励する試みも有効です。

④新規事業を全社で育てる「育成事業」ととらえる

　これまで見てきたように、新規事業にとって既存事業の存在は“最大の武器”にして“最大の敵”という二面性をはらんでいます。つまり、既存事業をうまく巻き込むことができれば、経営資源を大いに活用することができ、既存企業として新規事業に取り組むメリットを最大限に享受できる一方、多くの場合は、既存事業の理解を得られないことで暗礁に乗り上げる結果に終わってしまうのです。こうした現状を回避するための経営的工夫として、考えられるのがネーミングの問題です。

　そもそも新規事業は、「新規事業」という名前であるために問題を複雑にしてしまっている可能性があります。

74) アーネスト ガンドリング・賀川洋 (1999)『3M・未来を拓くイノベーション』講談社.

　1つの組織内に「新規事業」を位置づけることで、その対立軸に「既存事業」が浮かび上がってしまう。どちらも同じくらい大切な事業であるにもかかわらず、「新規か、既存か」という無用な対立構造を生んでしまうのです。「新」の反対は「旧」でもありますから、余計に反発を生んでしまっているのかもしれません。

　経営の観点から見れば、新規事業も既存事業も経営の未来を支える両輪であり、ともに重要な事業であることに変わりないはずです。しかし、それぞれの立場から局所的な目線で見ると、互いの認識にずれが生じ、創る人を"死の谷"へと突き落とす魔の見取り図や"スキヤキ・シンキング"のような問題が生じます。

　人は、自分の目線の届く範囲の物事しか考えられない生き物です。経営層レベルの俯瞰的な視点を持たない限り、自分中心の局所的な観点から離れられないのです。「○○事業」「○○部」「○○課」と組織を細分化し、それぞれに名前をつけた瞬間から、ひとつの部門に閉じこもって他の部門を攻撃するセクショナリズムは始まってしまいます。

　どのセクションも同じ組織の中のひとつの役割であって、本来はひとつの機能に便宜上の名称がついているに過ぎないのに、セクション間で無用な対立構造が生まれてしまうのです。しかし、いずれの既存事業も、かつては新規事業だった歴史があります。成熟した主力事業なのか、今後さらに伸びる成長過程にある事業か、あるいは、これから種を蒔いて育てていく事業なのか。本来、その違いは対立構造を生む軸にはならないはずなのです。

　そうであれば、いっそのこと、新規事業ではなく「**育成事業**」と呼び方を変えてしまったほうがよいかもしれません。

　新規事業というと「画期的なアイデアを創出してこれまでの既存事業にはないものをつくり、組織に変革をもたらす事業」といったイメージが先行します。そのため、既得権益を持つ既存事業部門の抵抗勢力から反感を買ったり、まるでひとごとのようにあしらわれたりしがちです。

一方、育成事業というネーミングであれば、**「今ある事業の仲間たちで新たに挑戦し、育てていく事業」**といったイメージに変わるのではないでしょうか。「会社全体で育てていくもの」というメッセージが名前から伝われば、新規事業を成功させるために欠かせない、周囲からの適度なフィードバックやサポートも動員させやすくなるでしょう。

　これまで、事業を創る人が活躍できる組織に必要な風土づくり、という観点から、その要点をお伝えしてきました。まず、経営トップ自ら新規事業の旗振り役となることで経営の本気度を示すこと、そして、事業を創る経験が損だととらえられないよう事業を創る人のキャリアを設計することが重要です。

　また、本来、事業を創る活動は、必ずしも新規事業部門だけが専門的に担うものではありません。事業を創る活動を新規事業部門の特権的行為として特別視せず、既存事業部門のメンバーを含めた全社員が創る人になり、新規事業にチャレンジできるための仕掛けを用意することも肝心です。そう考えれば、そもそも新規事業と既存事業を対立軸としてとらえる必要はなく、新規事業を全社で育てる「育成事業」ととらえ直すことが、新規事業に前向きな組織風土をつくる上で大事な視点と言えるでしょう。

3 人と事業を育てる 人材マネジメント

　ここまで、会社内における新規事業部門と既存事業部門との関わりおよび組織風土という観点から、人と事業を育てる組織をつくるポイントについてご説明しました。

　ここからは、人と事業を育てる人材マネジメントについて考えていきます。具体的には、**①着任前のキャリアデザイン**、実際に事業を創る段階での**②着任時の人事評価制度**、さらに**③離任後のキャリアパス**と**④創る人の転職・独立意向**について見ていきます。

①着任前のキャリアデザイン

　まず、創る人が新規事業部門に着任する前のキャリアデザインについてです。第3章で、既存事業から新規事業への異動は、マインドセットを大きく変える必要があるとお伝えしました。ただし、マインドセットは過去の仕事経験や長年のキャリアの蓄積を通じて形成されるものです。新規事業への任命が決定した後のサポートだけでは不十分で、新規事業に配属する前からキャリアをどのようにデザインするかを見直す必要があります。

では、創る人の多くはどのようなキャリアを歩んできているのでしょうか。第2章で詳しくお伝えしたとおり、創る人は、新卒で入社し、主力事業部門での業務を長く経験した後、40代で任命を受けることが多いことが明らかとなっています（図表51）。つまり、既存事業に20年近くどっぷり浸かってきた人が多いのです。

　既存事業における実務を20年以上も担ってきた人が突然、イノベーションのために働き方も発想も何もかも変えることを求められられるのです。そして、うまくいかない場合に「変われないのはその個人のせい」と考えるには、かなり無理があります。というのも、**既存事業での実務20年以上というキャリアは"イノベーター思考になりにくいキャリア"**だと言えるからです。

　第2章で明らかにしたように、創る人の多くは、学生時代にリーダーシップを積極的に発揮し、社会人と交流し、挑戦志向を持った人たちです。その高い志を持って入社した彼らが、20年近くもイノベーションとは関わりのない既存事業の実務に身を置くことは、イノベーター志向のある人材を塩漬けにするも同然です。これは「**気枯れモデル**」[75]とでも言うべき人材マネジメントの縮図です（図表52）。

　新しい価値を創出する意欲や素養を持っていた若者たちが入社した後に既存事業部門に配属されて長く勤めてきた場合、この気枯れモデルは多く見られます。
　入社当初は、経営層や人事から「これからはイノベーションの時代。新しい価値を生み出せる人材になりましょう！」などと盛んに動機づけされ、一時的に意識が高まります。
　しかし、既存事業に配属され、新入社員の時期を過ぎると、次第にそういったイノベーションを促すようなメッセージはなくなっていきます。そうしたメッセージに代わり、上司からは「もう新人じゃないんだ

75) 中原淳 (2016)「グローバル人材育成とは『グローバル風研修』をすることではない！『実務担当者・気枯れモデル』を改革せよ!?」〈http://www.nakahara-lab.net/blog/archive/6973〉より.

図表 51 新規事業担当者のキャリア

新卒生え抜きで、主力事業部門での業績経験豊富な 40 代が多い。

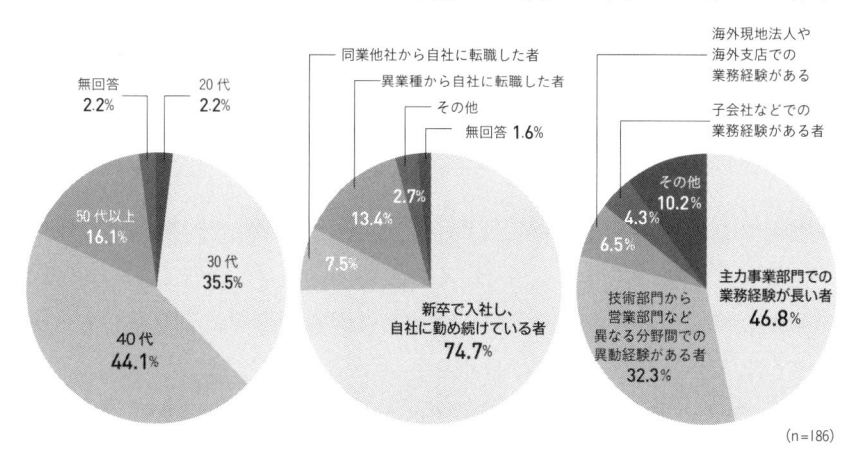

無回答 2.2%
20 代 2.2%
50 代以上 16.1%
30 代 35.5%
40 代 44.1%

同業他社から自社に転職した者
異業種から自社に転職した者
その他
無回答 1.6%
2.7%
13.4%
7.5%
新卒で入社し、自社に勤め続けている者 74.7%

海外現地法人や海外支店での業務経験がある
子会社などでの業務経験がある者
その他 10.2%
4.3%
6.5%
技術部門から営業部門など異なる分野間での異動経験がある者 32.3%
主力事業部門での業務経験が長い者 46.8%

(n=186)

出所：経済産業省 (2012)「新規事業創造と人材の育成・活用に関するアンケート調査」を筆者修正

図表 52 気枯れモデル

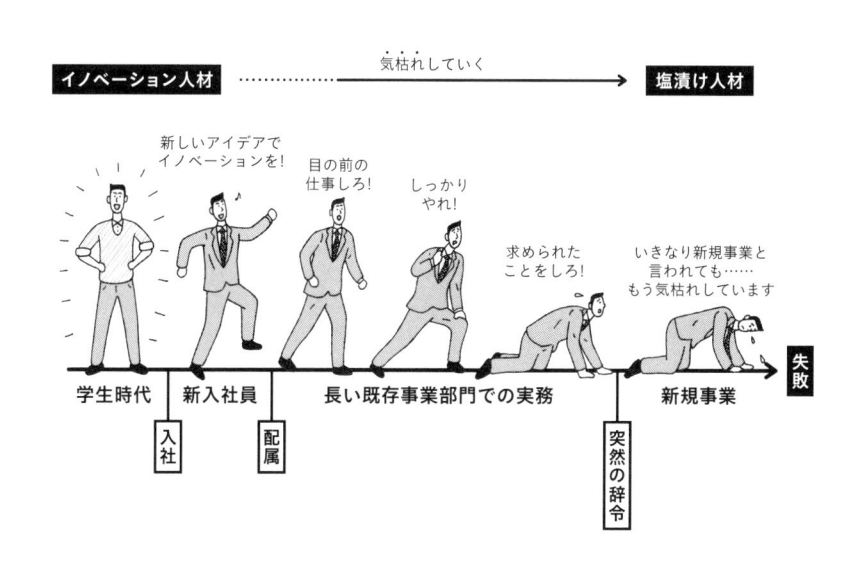

イノベーション人材 ……………→ 気枯れしていく 塩漬け人材

新しいアイデアでイノベーションを！
目の前の仕事しろ！
しっかりやれ！
求められたことをしろ！
いきなり新規事業と言われても……もう気枯れしています

学生時代 新入社員 長い既存事業部門での実務 新規事業 失敗

入社 配属 突然の辞令

から、いつまでも浮き足立ってないで目の前の仕事で成果を出せ！」と言われるようになります。そうして、日々の仕事に追われるようになります。

　新規事業につながる提案をしても評価されないとなれば、効率的に実務をこなして成果を出す働き方に専念せざるを得ません。そうした環境では、成果が上がるほど「何か新しいことをやろう」という気など枯れていきます。

　20年の間に気枯れしきったところで突然に新規事業部門への異動が来ても、すぐに対応できるはずもありません。一度枯れてしまった花にどんなに水をやったところで開花するわけがなく、芽が青々としているうちに新規事業に移してやり、水を与えて育てるべきなのです。

　それでは、気枯れてしまう前のキャリアが浅い人を任命すればいいのかというと必ずしもそうではありません。既存事業における経験も実力もあり、組織内の力関係も把握していて、会社の経営資源を獲得するためにはネゴシエーションも厭わない人材でなければ、新規事業は務まらないということはすでにお伝えしたとおりです。

　そのため、既存事業でキャリア豊富な中間管理職層から人材を発掘すること自体を改めるのではなく、**気枯れを防ぐキャリア形成の仕組みを考える必要がある**のです。

　創る人を育てる第一歩として注力すべきは、**実務担当の期間で新規事業創出への意識づけを定期的に行っていくこと**、そして、**内示・異動のプロセスを見直しより多くの準備期間を確保すること**、この2つです。

図表53　人事評価と新規事業の業績の関連

Ⓠ 人事評価方法と業績には関連が見られるか？

Ⓐ プロセスを重視する人事評価のものでは、高業績者の割合が多い。

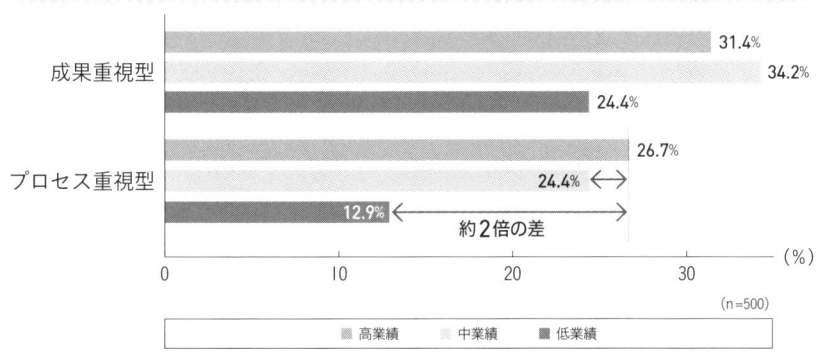

※「あてはまる」「ややあてはまる」を合計した割合
出所：田中聡・中原淳（2017）「事業を創る人と組織に関する実態調査」

②着任時の人事評価制度

　それでは、創る人の働きぶりは、どのように評価すべきなのでしょうか。独自調査では、新規事業部門で行われていた人事評価を２つの評価方法（「**成果重視**」と「**プロセス重視**」）に分けました。「成果重視」は、プロセスよりも最終的な結果を重視して評価すること、「プロセス重視」は一時的な成果よりも成果を出すための再現性のある行動や学習を重視して評価することです。それぞれ５件法[76]で回答してもらいました。

　図表53は、新規事業部門における人事評価と業績の関連を分析した結果で、高業績者・中業績者・低業績者の割合を示しています。

　成果重視とプロセス重視における業績者の割合を比較すると、成果重視型の人事評価は中業績者が最も多く、**成果重視と業績との関連は見られない**と言えます。一方、プロセス重視型の人事評価では、業績が高い

76）「あてはまる」を５点とし、「ややあてはまる」（４点）、「どちらでもない」（３点）、「ややあてはまらない」（２点）、「あてはまらない」（１点）から回答を選択してもらいました。

人が多いという結果から、**プロセス重視と業績との関連は見られる**と言えます。

　このことから、創る人に対して、**目先の成果や業績目標が達成されているかどうかよりも、新規事業を推進するプロセスの中で成長しているかを評価することが重要**だと言えます。

　また、図表54は、昇進昇格や給与体系の公平さと業績の関連を示すものです。独自調査では、新規事業部門で行われていた処遇に関する各項目について、それぞれ5件法で回答してもらいました。

　同じく図表54は、高業績者・中業績者・低業績者の割合を示しています。その結果、**業績と関連が見られるのは「昇進・昇格の公平性・客観性」と「給与報酬の公正性・妥当性」**の2つであることがわかりました。この結果から、**昇進や給与といった目に見える評価が、公平かつ客観的に行われることが業績に影響を与える**ことがわかります。

図表54　昇進昇格・給与体系への公正さと新規事業の業績の関連

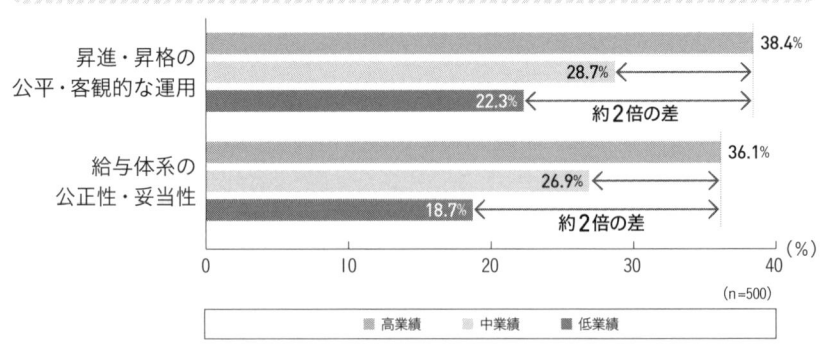

Q　昇進昇格・給与体系への公正さと業績には、関連が見られるか？

A　昇進や給与といった目に見える評価が公平・客観的に行われると、業績は高くなる。

昇進・昇格の公平・客観的な運用
- 38.4%
- 28.7%
- 22.3%　約2倍の差

給与体系の公正性・妥当性
- 36.1%
- 26.9%
- 18.7%　約2倍の差

（n=500）

■ 高業績　■ 中業績　■ 低業績

※「あてはまる」「ややあてはまる」を合計した割合

出所：田中聡・中原淳 (2017)「事業を創る人と組織に関する実態調査」

　新規事業部門で働く人は、今の組織内での立場を憂慮し、どうしても「自分は不利な立場にある」という気持ちを抱えがちです。既存事業と異なり、なかなか成果が出るものではありません。また、成果が出たとしても、既存事業の水準と比較すればインパクトに欠けてしまうため、目に見える成果が評価軸となると不公平感を抱いてしまいます。

　そこで、既存事業とは異なる評価の仕組みを導入する必要があります。私たちの分析結果から言えることは、既存事業のように最終的な成果ではなく、プロセス主義に基づいて本人の行動や学習を評価することが重要だということです。また、創る人の行動を観察し、適宜フィードバックすることで、評価に対する納得性が高まり、その結果としての給与報酬や昇給・昇格に対しても繋がるのです。

③離任後のキャリアパス

　次に、創る人のその後のキャリアについて見ていきます。このこともまた、育てる組織をつくる上で重要な論点です。なぜなら、新規事業を経験した人が、その後どのようなキャリアを歩んでいるのかという事実は、創る人のモチベーションだけでなく、将来の創る人候補の増減にも大きく影響するからです。

　例えば、創る人が離任した後に冷遇されていれば、「新規事業はキャリアアップにマイナス」というネガティブなイメージが固定化し、新規事業に挑戦しようとする人は減ってしまいます。よって、創る人のその後のキャリアパスをどう設計するかは、育てる組織づくりの重要な鍵を握ると言っても過言ではないのです。

　新規事業は、未経験者より経験者のほうが成功する確率が高いということは、第３章でお伝えしたとおりです。サイバーエージェントでは、

新規事業で目標達成できなかった場合のセカンドキャリアとして、もう一度新規事業に挑戦させる、あるいはいったん既存事業に戻した後に再度、新規事業に挑戦させるといったキャリアパスを用意しています。セカンドキャリアの仕組みを用意し、多くの実例をつくることが、新規事業に前向きな組織風土づくりに影響しているとも考えられます。

それでは、新規事業を離任した後に配属されるポストはどのように考えるべきでしょうか。

図表55は、新規事業での実績と離任後のポストの関連について調査したものです。「経営に近い立場で責任のあるポスト」への配属の割合は、高業績者のうちの約29%、中業績者のうちの約34%、低業績者のうちの約20%となっています。意外にも、高業績者より中業績者のほうが責任あるポストについている割合が高く、優遇されていると言えそうです。

さらに、「新規事業経験が考慮されているとは思えないポスト」への配属については、高業績者のうちの約27%、中業績者のうちの約23%、低業績者のうちの約20%の割合となっています。こちらも意外なことに、**新規事業経験が考慮されていないポストへの配属は高業績者に多い**と言えそうです。

新規事業を離任した後の社内ポストについては、高業績者が必ずしも経営に近い立場に投入されたり、新規事業経験を考慮した新規性の高い仕事を再び任されたりするわけではないのが実態です。

それはなぜでしょうか。考えられる理由としては、高業績を収めた優秀な人材ほど既存事業でさらなる収益が見込まれるポストで活躍してもらいたいという経営層の意図が反映していることです。

しかし、第4章（より詳しくは特別付録）でお伝えしたとおり、事業創出経験から得られる学びの特徴は、経営リーダーとしての視点を得るということです。新規事業を立ち上げる際には、会社の未来を構想し、全

図表55　新規事業での実績と離任後のポストの関連

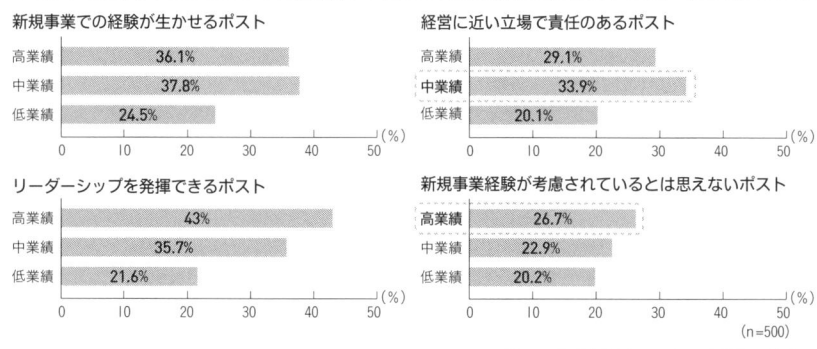

Q 新規事業での実績は、その後のキャリアにどう影響するか？

A 高業績者より中業績者のほうが優遇されている。
新規事業経験が考慮されているとは思えないポストへの配属は、ハイパフォーマーに多い。

※「あてはまる」「ややあてはまる」を合計した割合
出所：田中聡・中原淳(2017)「事業を創る人と組織に関する実態調査」

社の事業ポートフォリオを俯瞰した上で「今、世の中に必要な事業は何か」という問いから考えることになります。私たちが取材したある新規事業担当者は「創業者であれば、今、何を思い、どのような事業を創るだろうか」と100年以上も前に会社を興した創業者に思いを馳せ、新規事業に関わっていると言います。

こうした経営リーダーとしての視点に立つ経験は、新規事業以外ではなかなか得られるものではありません。だからこそ、**事業を創る経験によって得られた経営リーダーとしての学びを生かせるキャリアパスを設計することが非常に重要**なのです。

④創る人の転職・独立意向

それでは、社外に出て行くパターン、つまり転職や独立起業といったキャリアについてはどう考えるべきでしょうか。

図表56は、新規事業の業績と離任後に会社を辞める人の割合の関連を調査したものです。新規事業を経験してから10年以内に離職する割合は、高業績者では約20%、中業績者だと約16%、低業績者で約14%となっています。つまり、**高業績であるほど離任後に会社を辞める割合が高い**ことがわかります。

一般的に考えれば、成果を出せずに辞めていく人のほうが多いように思えます。しかし、実態としては、新規事業で成果を出した人のほうが離任後に辞めることが多いようです。

このことからは、次のようなことが考えられます。第4章でお伝えしたように、事業創出の経験は、希少価値という面から高く評価される傾向にあります。そのため、新規事業を検討する他社から好条件でのオファーが創る人に届くケースも少なくありません。特に、新規事業で一定の成果を上げている場合は、さらに転職市場での価値が高まります。

それにもかかわらず、現職企業では、新規事業での経験を生かせないポストへの異動や、経営職に近づくようなキャリアアップの機会が与えられなければ、新規事業を経験した人が成長の機会を求めて他社に転職するというのは自然の成り行きです。

続いて、図表57は、新規事業在籍時の役職と離任後に会社を辞める人の割合の関連を調査したものです。

まず、「新規事業から離れた後、一度は会社を辞めることを考えたことがある」と答えた人の割合は、部長クラスでは約26%、課長クラスで約28%、そして課長補佐・係長クラスで約30%となっています。**役職が低いほど退職への意向は高くなる**ようです。

図表 56　新規事業の業績と退職の関連

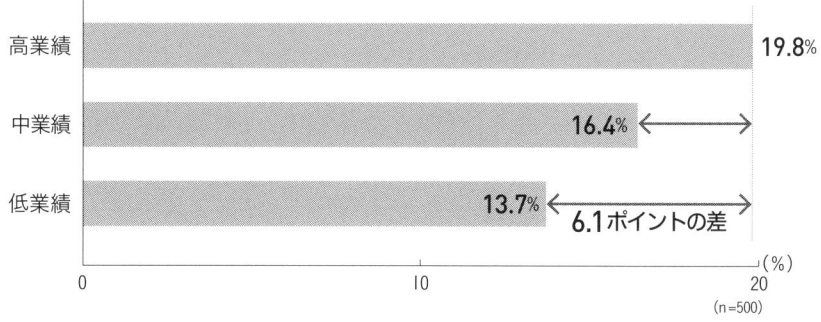

Q 低業績者ほど辞めやすい？

A 高業績者ほど離任後に辞める割合が高い。

新規事業から離れた後に辞めた人の割合

高業績　19.8%
中業績　16.4%
低業績　13.7%　6.1ポイントの差

(%)
0　　　　　10　　　　　20
(n=500)

※「あてはまる」と回答した割合

出所：田中聡・中原淳 (2017)「事業を創る人と組織に関する実態調査」

図表 57　役職と転職の関係

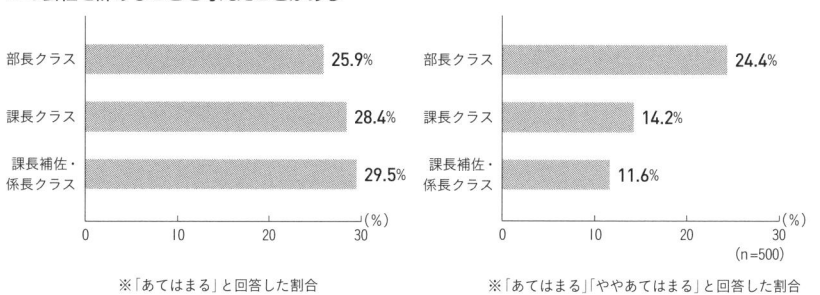

Q 役職下位層ほど辞めやすい？

A 役職上位者ほど思い立ったら即転職。
役職下位者ほど離職意向はあっても転職に踏み切れない。

新規事業から離れた後、一度は
この会社を辞めることを考えたことがある

部長クラス　25.9%
課長クラス　28.4%
課長補佐・
係長クラス　29.5%

(%)
0　　10　　20　　30

※「あてはまる」と回答した割合

新規事業から離れた後、転職した

部長クラス　24.4%
課長クラス　14.2%
課長補佐・
係長クラス　11.6%

(%)
0　　10　　20　　30
(n=500)

※「あてはまる」「ややあてはまる」と回答した割合

出所：田中聡・中原淳 (2017)「事業を創る人と組織に関する実態調査」

それでは、実際に会社を辞め、他社へ転職していった人の割合はどうでしょうか。部長クラスでは約24%、課長クラスは約14%、課長補佐・係長クラスだと約12%となっており、退職への意向のデータとは対照的に、**役職が高いほど転職率が高い**ことがわかります。

　退職への意向と実際に転職した人の差を見てみると、部長クラスは約2%に過ぎませんが、課長クラスは約14%、課長補佐・係長クラスは約18%もの差がついています。このことから、**役職上位者ほど思い立ったら即転職でき、役職下位者ほど離職意向はあっても転職に踏み切れない**と言えそうです。

　この理由としては、市場からの需要と本人の意欲の2点の違いが挙げられるかもしれません。新規事業は、多くの企業にとって成長戦略から生存戦略へと移行し、その必要性は高まるばかりです。一方、事業を創る経験を持つ人は相対的に少ないため、市場からの需要は高く転職しやすいと考えられます。役職が高ければ高いほど、新規事業で経験した責任範囲や仕事の裁量が大きいと考えられるため、一層需要が高く、転職しやすい状況にあると考えられます。

　もちろん、課長以下の役職の人にも一定の需要があると考えられるにもかかわらず、役職下位者ほど転職の割合が低いのは、離職意向はあっても転職に踏み切れないという本人の問題に理由がありそうです。つまり、まだその会社の中でのキャリアや出世といった社内キャリアの見通しを持っており、転職までは踏み切れないと考えられます。

　続いて、独立・起業について見てみることにします。図表58は、新規事業経験後に起業に対する意欲を持ったかどうかを役職別に調査したものです。

　部長クラスは約28%、課長クラスは約20%、課長補佐・係長クラスは約16%が「起業に対して意欲的である」と回答しています。**つまり、起業に対する意欲についても、役職上位層のほうが高い**ということがわ

図表 58　役職と起業意欲の関連

Q 新規事業の経験は、眠った起業意欲に火をつける？

A 新規事業を経験した部長クラスの約 3 割が起業意欲を持つ。

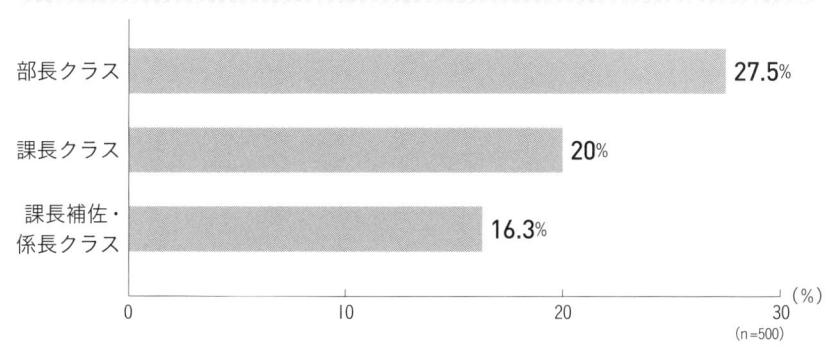

※「あてはまる」「ややあてはまる」を合計した割合
出所：田中聡・中原淳 (2017)「事業を創る人と組織に関する実態調査」

かります。この理由も、図表57で示した転職実施に関する調査データと同様、役職が高ければ高いほどに新規事業での責任範囲や裁量が大きいことから、事業創出に対して自分ならできるという自己効力感が高いと考えられます。

一方、課長クラス以下の層は、より上位職の上司のもとで新規事業を担当している可能性が高いため、最終責任を負って事業を創っているとは言い切れず、「まだ外に出て一人でやっていくには怖い」という心理が働いているのかもしれません。

以上の結果から、創る人は、事業創出の経験を通じて起業意欲が芽生えることがあり、高業績者ほどその割合は高くなることがわかりました。では、創る人から会社を出て起業したいと希望した場合、会社は本人の意思を尊重して送り出すべきでしょうか。それとも留意すべきでしょうか。

相手は新規事業経験を経てさらなる成長を遂げ、経営者視点まで獲得した優秀な人材です。会社側からすれば、自社でさらに成長し、できれば次の経営層を担ってほしいというのが本音でしょう。

　しかし、会社を離れる意思を固めている人を無理に引き留めたところで、当然、本人や周囲のパフォーマンスは期待できません。**快く本人の意思を尊重し、送り出した後も本人との良好な関係を保つべき**でしょう。場合によっては、離職後もビジネスパートナーとして双方にメリットがあるような関係を築くというアプローチも考えられます。

　もし、**社内に留まってもらいたいのであれば、退職希望が出るよりももっと前から手を打っておくべき**です。新規事業は不確実性に満ちています。先の見通しがきかない、儲かるかどうかわからない、報われるかどうかわからない……。そのような場所に身を置けば置くほど、アイデンティティや働く意味は宙ぶらりんになっていきます。働くことへの意欲も不安定になれば会社を出て行く思いも上がっていきます。

　新規事業を任せる段階で、離任や退職まで先回りして話をつけておくことが必要です。第3章で詳しくお伝えしたように、事業が失敗したときの撤退の基準やその後の処遇はもちろんのこと、事業がうまくいったときにどういう出口があるのかについても先に示しておくべきでしょう。

4 人と事業を育て、 会社の未来を創造する

　ここまで、「既存事業と新規事業の関わり方」「新規事業に前向きな組織風土のつくり方」「創る人の人材マネジメント」という観点から、創る人と事業を育てる組織づくりのポイントについて見てきました。

　その中で、新規事業を全社で育てる「育成事業」としてとらえることの意義についてお伝えしてきましたが、新規事業は全社に育てられる事業であると同時に、新規事業は人と組織を育てる事業でもあるのです。

　そこで本章の終わりとして、改めて「事業を創る」とはどういうことか、この「人と組織の成長」という観点から、これまでの内容を振り返ってみることにします。

創る人を育てる、ということ

　新規事業が各社にとって喫緊の経営課題となる中、「新規事業をうまくいかせるためにどうするか」という短期的目標から、安易な方法論に飛びつきがちです。しかし、序章でもお伝えしたように、こうすれば必ずうまくいくといった「新規事業を成功に導く原理原則」はないのです。

　新規事業を生み出し続ける組織をつくりたいのであれば、誰にも新規事業の成否を予想できないという現実を直視し、まずは短期的な業績へ

のこだわりを脇に置いて、創る人を育てることに注力すべきなのです。

　それでは、創る人を育てるために、私たちは何に気をつければよいのでしょうか。これまでの内容を整理すると、ポイントは以下の３点です。

① 「気枯れモデル」からの脱却
② 「任せて終わり」の内示・異動プロセスの見直し
③ 事業を創る経験を通じたリフレクション（内省）の促進

① 「気枯れモデル」からの脱却

　まず、気枯れモデルからの脱却についてです。第２章で明らかにしたように、創る人の多くは、学生時代にリーダーシップを積極的に発揮し、社会人と交流し、挑戦志向を持った人たちです。その高い志を持って入社した彼らが、20年近くもイノベーションとは関わりのない既存事業の実務に身を置くことは、イノベーター志向のある人材を塩漬けにするのも同然です。

　入社直後の新入社員に対しては、新規事業に対するモチベーションを喚起するような耳触りのよいメッセージが強く打ち出されるものの、時間の経過とともにそうしたメッセージを耳にする機会もなくなり、新規性・革新性とは無縁の効率性重視な環境で、粛々と既存事業にいそしむことになる。新規事業につながる提案をしても評価されないとなれば、効率的に実務をこなして成果を出す働き方に専念せざるを得ません。そうした環境では、成果が上がるほど「何か新しいことをやろう」という気など枯れていきます。

　本書では、こうした企業における人材マネジメントの縮図を「気枯れモデル」（165ページの図表52）と表現していますが、創る人を育てる第一歩として注力すべきは、まずはこの気枯れモデルを改める必要があります。将来、事業を創る人になる可能性がある人には、既存事業での実務担当期間から、いかに新規事業創出への意識づけを定期的に行っていくかが重要です。

②「任せて終わり」の内示・異動プロセスの見直し

　2点目として、任せて終わりの内示・異動プロセスを見直し、より多くの準備期間を確保することも重要です。「任せて終わり」が通用するほど、新規事業は甘くありません。

　成長意欲の高い人材を選ぶことは重要ですが、新規事業の任せ方にも工夫が必要です。まず、既存事業と新規事業のゲームの違いを理解させ、この先起こり得る様々なジレンマを予告し、なぜ本人に新規事業を任せるのか、という会社側の期待を伝えること。そして、事業の出口シナリオを前もってイメージさせ、高成長シナリオ、撤退シナリオなど、事業の末路に応じた、インセンティブプランや撤退基準を用意して、事前に握っておくことが重要です。こうした任せ方の工夫によって、新規事業着任後のパフォーマンスは大きく変わります。

③事業を創る経験を通じたリフレクション（内省）の促進

　そして、3点目は事業を創る経験からの学びを最大化できるようリフレクション（内省）を促すサポートの重要性です。第4章にてお伝えしたとおり、創る人は新規事業の実現に至るまでのプロセスで、多くのジレンマを抱え、数々の葛藤と向き合いながらも、思考を重ね、試行錯誤しながら成長していきます。

　既存事業では経験することがなかった不条理な環境に身を置く中で、悩み、もがき、乗り越える経験を通じ、自己中心的な他責思考でしか新規事業という仕事を見ていなかった一社員が、不条理な現状を受け入れ、内省し、やがて会社の未来を構想し、全社を俯瞰して事業を牽引する「経営リーダー」へと成長を遂げていきます。

　このように、事業を創る経験は経営リーダーへの成長に繋がるという意味で経営にとっても非常に有益であることがわかりますが、こうした学びと成長のプロセスは、事業を創る人1人で駆動するものではありません。支える人のキーマンは、「経営者」「新規事業経験のある上司」「社

外の新規事業担当者」であることは第4章でお伝えした通りですが、特に経営者や新規事業経験のある上司によるリフレクション（内省）の支援は、創る人の育成において重要であると考えられます。

　創る人を育てることは必ずしも短期的な事業の成功を約束するものではありませんが、事業を創る経験を通じた「創る人から経営リーダーへの成長」（詳しくは特別付録をご覧ください）は、支える人と組織のサポートによって十分にデザインすることが可能なのです。

　以上、①「気枯れモデル」からの脱却、②「任せて終わり」の内示・異動プロセスの見直し、③事業を創る経験を通じたリフレクション（内省）の促進、の3点に整理して、事業を創る人を育てるための要点をお伝えしてきました。しかし、**より大事なことは、こうした地道で手間のかかる人材育成を愚直に実践することで磨かれるのは「創る人の能力だけではない」ということ**です。

人を育て、事業を創り、会社の未来を築く

　創る人を育てるということは、事業と会社の未来を築くことにも繋がるのです。
　支える人と育てる組織による愚直な育成支援が実践されることで、組織内に一皮むけた個人が増えることは、新規事業に対する肯定的な組織風土を醸成し、「自分もチャレンジしてみたい」というモチベーションの伝播に繋がります。そうした組織のモメンタム（勢い）が、新規事業の挑戦母数を飛躍的に高め、結果的にイノベーションを生み出し続ける企業への進化を後押しするのです。

　「人材」という観点から見れば、たとえ新規事業が期待された成果を残せないまま撤退に至ったとしても、その経験を糧に会社の未来を担う経

営人材が育つのであれば、それだけで十分にその新規事業は"成功"だと言えるのではないでしょうか。

　仮に新規事業100本のうち 1 本しか当たりが出なかったとしても、残りの99人も経営リーダーになるための学びを獲得できたのであれば、その会社は経営者と横並びできる力を持つ社員を100人獲得したようなものです。反対に、「君に任せた」と社員一人に丸投げし、その後の状況には無頓着のまま、創る人を孤独な状況に放置して事業とともに業績を潰してしまう……。それこそが本当の意味での"失敗"なのです。

「事業を創る」ということは、創る人と支える人を育て、未来ある組織を創ることです。

　事業を創るのは、新規事業の担当者である創る人だけではありません。創る人の上司や事業化を左右する経営者など、支える人も、そして新規事業を育てる組織もまた「事業を創る人」なのです。

　だからこそ、新規事業によって貴重な人材育成の芽が潰されないようにしていただきたいのです。

　新規事業は、人と事業を育てる "育成事業" なのですから。

第5章 まとめ

▷既存事業と上手に関わるには"遮断"と"接続"のバランスを意識する。

▷新規事業に肯定的な組織風土をつくるのは経営者の仕事。

▷育てる組織をつくるには、まず「気枯れモデル」からの脱却が必要。

▷創る人に対して「成果」よりも「プロセス」を重視する評価制度が重要。

▷経営リーダーとしての学びを生かせるキャリアパスを準備する。

▷転職・独立を応援する。引き止めたいのなら、新規事業を任せる段階で出口の話をすることが大事。

第 6 章

Interview

事業を創る先進企業の最前線

　ここまで、事業を創る人の実態と創る人が活躍できるためには、経営層や上司という支える人からどんな働きかけが必要か、そしてどのような組織を目指すべきかをお話ししました。

　実際には、事業を創る先進企業では、創る人たちが活躍できるよう、どのような新規事業の運営がなされているのでしょうか。本章では、事業を創る先進企業の最前線に迫るべく、インタビュー内容をお伝えします。

　新規事業や人事の最前線でご活躍し、創る人と支える人、その両役割を経験されている2人——創業20年のベンチャー企業であるサイバーエージェントの曽山哲人さん、90年の歴史を誇る伝統的なメーカーである東レのシンクタンクの東レ経営研究所の手計仁志さんからお話を伺いました。対照的な2つの企業の新規事業への姿勢や取り組み方から、創る人が活躍できる組織を築くための手掛かりを模索します。

テーマ

企業の中で事業を創る人とは、どういう人なのか？
創る人が活躍するために、組織はどうあるべきか？

サイバーエージェント

東レ経営研究所

曽山 哲人さん

手計 仁志さん

Tetsuhito Soyama
取締役人事本部長。創業間もないサイバーエージェントに中途入社。その後、数々の新規事業に携わり、現在は全社の人事責任者でありながら2016年から子会社社長も兼務。

Hisashi Tebaka
人材開発部兼ダイバーシティ＆ワークライフバランス推進部。入社以来、長らく東レの中で新規のマーケットを開発し、現在は人事に関する部署で、事業開発を全社的にどう支援するかをテーマに取り組んでいる。

聞き手

田中 聡

中原 淳

新卒時から新規事業創出の連続

——まずは、創る人としての立場からお話を伺いたいと思います。あらためて、これまでのご経歴や仕事の内容について、それぞれ簡単に紹介していただけますか？

曽山：私は1998年に新卒で株式会社伊勢丹に入社して、紳士服の販売を担当しました。そこで早速、はじめて展開するイーコマースの事業を手伝うことになったんです。

　当時、私がいたショップが日本で唯一海外ブランド物の5Lサイズを扱っているところだったので、上司が「これを通販してみたら売れるんじゃないか」と言い出して、いざやってみたら見事に売れたんですよね。イーコマースをメインで担当していた人は別にいたのですが、私もこの事業に関わることで、インターネットの可能性を強く感じていました。

——１年目から新規事業に携わっていたんですね。そのイーコマースを主に担当していた方は、社内からどんな反応を受けていたんですか？

曽山：イーコマースの事業部は「なんでやってんの、そんなの？」と冷たい目で見られて、よそ者扱いされている感じでしたね。担当していた人もすごく前向きにチャレンジされていたんですけど、「いろいろ大変なんだよ」とおっしゃっていましたし、実際、人員の確保とか、やりにくそうな印象でした。

そのイーコマース事業での経験が私にとってはチャレンジ慣れするよい機会でした。そして、もっとチャレンジできる環境に行きたいと思って、1年後の1999年にはサイバーエージェントへの転職を決意しました。ただ、入社後しばらくは新規事業と関係ない領域で仕事をする時期が続きました。サイバーエージェントという会社自体がスタートアップであり、新規事業みたいなものだったということはあるんですけど、職種自体は広告営業でした。

　2003年頃に自社媒体専門で広告を販売するチームをつくろうという企画が立ち上がり、その責任者を任されました。それが、私にとってはサイバーエージェントでのはじめての新規事業の立ち上げという感じだったんですよ。でも、いまいち利益が出ないということで、立ち上げから半年足らずで潰れてしまったんです。これは、自分にとって強烈な挫折経験となりました。

——その後、一旦、営業部門の責任者に戻られたあと、2005年には人事部門の責任者に異動されたんですよね。それは、ご自分で手を挙げて異動されたのですか？

曽山：いいえ、人事部門への異動は社長である藤田から声を掛けられました。当時、離職率が非常に高かったので、純粋に人事の強化をしなければいけないということでアサインされました。現場経験者で、しかも営業の責任者だった私が一番人脈もあるし、人事という仕事に向いているだろうということだったようです。

「新規事業」ではなく「戦略的拡大事業」

――続いて、手計さんのこれまでのお仕事について教えてください。

手計：私も1998年に新卒で東レに入りまして、「炭素繊維」という素材の開発営業をずっとやっていました。ただ既存のものを売るだけではなく、自分でマーケティングして需要を発掘し、そこに東レの素材を当てるという仕事でしたね。部署のネーミングにもそれが表れていて、「営業部」という名前ではなく「事業部」という名前になっています。

――新規事業部門もネーミングが「新規事業部門」ではないんですよね？

手計：新事業のインキュベーションとしての組織体は独立してありますが、炭素繊維事業はひとつの事業区分に成長しており、「戦略的拡大事業」という位置づけです。平たく言えば、会社が人員や資源といったリソースを重点的に投資する事業ということですね。東レでは繊維や樹脂、フィルム、医薬・医療などさまざまなビジネスユニットを、「基幹事業」「戦略的拡大事業」「重点育成・拡大事業」に区分して位置づけているのです。私が担当した炭素繊維は、私が入社したときからずっと「戦略的拡大事業」として位置づけられていますね。

　それで、しばらく開発営業を続けてから、いわゆる社内公募制度に自分で手を挙げて、もともと興味があったHRD（人材開発）の世界に異動して今に至ります。

──まったく未経験の部署へ自ら異動したわけですよね。勇気がいることですし、苦労されたのではないですか？

手計：そうですね。確かに周囲からは「せっかく活躍しているのに、なんでわざわざ出て行くの？」と言われたりもしました。でも、私にとっては、自分のライフストーリーに基づいてキャリアチェンジをしただけなので、そんなに違和感はなかったんです。それに、同じグループの中にいることに変わりないので、今まで培った人脈やネットワークは使えますからね。

自分が育てた「ジギョつく」を自ら「捨てる会議」へ

——今では「サイバーエージェントといえば新規事業」というイメージが広く知られています。ただ、そうなるまでの道のりは決して平坦なものではなく、想像を絶するようなご苦労があったのではないかと思います。もともと、同社が新規事業へ積極的に取り組むようになったのはいつごろからだったのでしょうか？

曽山：当社が新規事業プランコンテスト「ジギョつく」を始めた2003年ごろからでしょうか。私が人事に異動する2年前からスタートした企画でしたが、当時は応募も全然なくて、仕組みとしてうまくいってなかったんですよ。私自身も、営業時代は「俺が応募するものじゃない、なぜなら俺は営業で忙しいから」なんて思っていました。

　2005年、人事部門への異動をきっかけに、私が「ジギョつく」の事務局を担当することになったのですが、やっぱりあまり応募が伸びなくて。社長の藤田からは「もううまくいかないなら、やめちゃっていいよ」と何回も言われたんですが、なぜか私の中では"この「ジギョつく」を成功させることがサイバーエージェントの成長につながる"という考えがあって。

　諦めずにポスターをつくって募集をかけたり、直接声を掛けたりといった草の根活動を地道に続けていたら、最終的には年間1,000件ぐらい応募がくるようになったんです。そうなるまで10年ぐらいかかったかな。

——苦労されたんですね。でも、今は「ジギョつく」をしていないとか。

曽山：はい。うちには「捨てる会議」という、経営陣が形骸化した制度や仕事を捨てる提案をする会議があるんです。そこで私自身が「ジギョつく」の廃止を提案して承認されました。理由は明確で、「ジギョつく」から成功事例が1つも出ていなかったからです。新規事業に意欲のある人材を発掘するという意味では非常に有効な仕組みだったと思うのですが、年間1,000件も応募があって1つも成功事例が出ないとなると、さすがにもうやめたほうがいいという判断に至りました。

　今は「あした会議」という、役員とともに新規事業を提案するコンテストをやっているんですが、こちらからは複数の成功例が出ていますね。ポイントは「経営層クラスのコミットメント」だと考えています。

勝つまでやめない「超継続」

——東レでは、コンテストなどの新規事業創出カルチャーはありますか？

手計：そもそも当社は全員が新規事業をやっているようなものなんですよ。先端材料を扱う素材メーカーですから、研究段階での技術や素材が必ずあって、そこからいかに潜在的なニーズを顕在化して事業に結びつけられるか、というのが主な仕事なんです。だから、自分が担当する素材をもとに、1人の人間が既存の事業を展開させつつ、同時に新しい展開方法やマーケットを開拓しています。

先ほどの「戦略的拡大事業」は、あくまでもそこに集中的に投資がされますという会社の方針を示すものであって、「基幹事業」は新しいことをやらなくていいのかというと、そうではないんです。例としては、ユニクロさんと組んで開発した「ヒートテック」などですね。

実は日本における繊維産業は、どんどん中国や東南アジアにマーケットを奪われつつあったんですが、ユニクロというパイオニアと組んで新しい需要を掘り起こしたことによって活路を見いだした。「あなたは新規担当」「あなたは既存担当」と分けられていないからこそ、誰もが新規事業を開発できる機会と可能性を常に平等に持っているとも言えますね。

——なるほど。一般的に、新規事業の開発は全社の経営状況に大きく影響されると言います。東レの場合、サイバーエージェントのようなIT業界とは違い、新事業の開発に要するリードタイムが非常に長い事業も珍しくな

い中、どういう状況でも新規事業の手を止めない組織を創るのは難しいと思います。東レならではの組織カルチャーが影響しているのでしょうか？

手計：そうですね。当社の特徴として長い時間軸で事業性を判断する社風も新規事業に影響しているかもしれませんね。炭素繊維は40年くらい前から出始めたんですけど、メーカー各社の取り組みを見ていくと、だいたいがもうやめているんですよ。成果が出ないうちにリソースが切れてしまうんですね。当社も釣竿やテニスラケットといった用途開発を粘り強く拡大しながら継続して、やっと黒字化した。

　当社には「超継続」という言葉があって、これが企業カルチャーとして浸透しているんですね。「勝つまでやめない。だから負けはない」という。やめたときが負けたときなんです。

——「超継続」すごいですね。これを成し遂げられるのは、やはりトップの覚悟や経営層のコミットメントがキーになってくるのだろうと思います。サイバーエージェントの取り組みとは、もちろんアプローチが異なりますが、先ほどの曽山さんの言葉にもあったように「経営層のコミットメント」は新規事業で成果を出す上で重要なキーワードになりそうですね。

投資の仕方で会社の本気度を測る

——経営活動のうち、どれくらいの資金を新規事業に投資しているかは、会社としての新規事業への本気度を測る大きな指標になると思いますが、そのあたりはいかがですか？

曽山：サイバーエージェントの場合、「新規事業の資本金は営業利益の〇割」とざっくり決めておいて、「これを使い切ったら終わりです」という感じでやっていますね。

　ただ、４、５年に１回ぐらい大型投資があるんです。今は大型の新規事業で「AbemaTV」というのをやっていて、年間200億円を投資しています。これは先行投資ですね。今、基幹になっているアメーバブログも後発でスタートして、これはいけるんじゃないかと踏んだ段階で大型投資し、その後の2年間の営業利益で赤字分を回収したんです。

手計：当社においては「新規事業への投資」というよりは「研究開発への投資」という概念になります。「先端材料で社会に新しい価値を提供する」ということが会社の使命で、既存事業で得た収益を研究開発・新事業創出の資源に使うという発想です。

　潜在化している需要がいつ見つかるかわかりませんから、きたるべき時期に備えて研究開発に投資しています。だいたい年間の営業利益が1,500億円ぐらいで、研究開発費が年間500億円ぐらいと、おおよそ３分の１ぐらいかけていますね。業績が好調でも不調でも変わりません。いつ当たるかわからないからこそ、常に一定に投資しているんです。

曽山：ゴールありきで新規事業が求められているという認識は大切ですよね。僕らも「21世紀を代表する会社を創る」というビジョンがあるんですけど、この存在は大きいですね。このビジョンに基づいて考えると、現状では不足しているという状態が常にあるので、新しいことをやるのは当然であるという考えに行き着きます。

　ただ、事業のトレンドによって、ゲームが伸びればゲームの新規事業を、スマホがくればスマホの新規事業をやればいいという波があって、たまに「今、何もトレンドがないから、まったく新規事業を出せない」という"凪"のフェーズもありますね。

創る人をどう選ぶか？

——今度は、新規事業を創る人をどう選ぶかについて伺います。「こういう人を選ぶべき」とか、逆に「こういう人を選んだら絶対に失敗する！」といった基準はあるんでしょうか？

曽山：“逃げちゃいそうな人”は絶対に外しますね。途中で音を上げちゃいそうな人です。そもそも、うちの場合、新規事業は基本的に事業案と人事案のセットじゃないと決まらないんですよ。「この事業をやりましょう、社長は2年目の彼がいいと思います」というところまで提案しないと意思決定されないんです。ですから、本人にはあらかじめ「こういう事業をあなたの名前で提案しようと思うけれど興味ありますか？」と裏で打診しておくんです。

——事業案と人事案のセットでないと決まらないとは面白いです。ただ、人事案を用意するには、そもそも事前に新規事業に意欲がある人を知っておかないと難しいですよね。どのようにして事前に社員の意向を把握しているのでしょうか？

曽山：毎月「GEPPO」というオンラインアンケートを全社員から取って、年に1、2回、将来のキャリアについて聞いています。「事業」や「新規」というタグで検索すると、そういう活動に興味がある人が一覧で出てくるようになっているんです。そのリストを役員に渡して選んでもら

ったりしていますね。

——社内異動で新規事業に人材をアサインする場合、どうしても引き抜かれた側の部門からは不満の声が上がってきますよね。人事として古巣の部門に対して、どういうコミュニケーションをとっていますか？

曽山：エース級を引き抜くわけですから、当然もめますよね。なので、私たち役員の中であらかじめ合意をとっておきます。まずは「抜くのか、抜かないのか」で意思決定をする。抜くと決めたら、空いた穴にはナンバー２を引き上げる、あるいは他の部署から異動させてくるといった意思決定をします。大事なのは「引き抜きが先」だということです。「欲しい人を引き抜く」ことが前提としてあって、そこから調整していくという順で進めます。ここは経営のコミットが外せないところですね。だいたい、新規事業で失敗している会社は、この人材の調整で新規事業が動かなくなっていることが多いと思いますね。元部署の穴を埋める見込みが立った上で引き抜こうとすると、話が進まなくなってしまうんです。

——人材の選定について、東レの場合はどうですか？

手計：当社は組織的に誰もが既存事業も新規事業も兼任しているようなものなので基準みたいなものはないですね。そもそも東レは技術でも営業でも、素材を世に出せる形に変えるということが基盤になるので、入ってくる人も「既存のものと新しいものを掛け合わせてイノベーションを生む」といったことに興味があったり、得意だったりという人が多いと思います。

失敗の典型パターンは出島モデル!?

――2人の立場から見て、失敗する典型みたいなものはありますか？

曽山：何をやるかを決めずに新規事業創出部署を設けてしまうことですね。それでうまくいった話をあまり聞いたことがありません。その場合、リーダーが、必ずと言っていいほど社内調整に困っていますね。

　社内調整するものは、ヒト・モノ・カネといろいろあると思うんですが、なんにせよ圧倒的な権限がないと難しい。一部門の責任者クラスでは会社のリソースを引っ張ってくるほどの権限を持っていません。サイバーエージェントが新規事業でうまくいっているのは「あした会議」のおかげで、権限を持つ役員陣が新規事業にコミットするようになったことが大きかったですね。

――でも、多くの会社は新規事業の専門部署をつくって既存事業から切り離していますよね。私は、このパターンでの新規事業推進を"任せっぱなしの出島モデル"と呼んでいるんですけど、なぜなんでしょう？

曽山：そこは、かなり大事な切り口ですよね。僕らも新規事業のために新しく子会社を創るので、ある意味、出島モデルの感覚もあるかもしれません。ただ、出島ではありますが"任せっぱなし"にはしないんです。

　若手の新社長に社名を考えさせ、キャッシュフローを見せて、ほぼ全ての意思決定を任せます。でも"庇護"はするんです。本体の役員が月

に1回ぐらい経営会議に入り、大きな間違いがないかどうかのガバナンスは利かせているんですよ。出島モデルで失敗する新規事業って、要は任せっぱなしで役員レベルの庇護がないから失敗しているという例も多く聞きます。

——確かに、庇護もなく放任された出島モデルは、もはや"孤島モデル"ですからね。孤島モデルは、当然、既存事業の理解を得る、リソースを引っ張ってくるといった社内調整がいっそう難しくなるでしょう。

出島モデルがそのメリットを最大限に発揮するためには、任せっぱなしにせず経営陣による定期的な支援が重要ということですね。

手計：そうでしょうね。当社の場合、先ほども申し上げたように長い時間軸で判断する社風があるので、時間的な猶予はあるんですが、やっぱり人の調整に苦労するから社内のリソースが集められないという問題は大きいですね。社内から「本当に儲かるのか？」と言われて尻込みしてしまう、次の一歩が踏み出せない、ということはありましたね。

曽山：会社の規模が大きいほど社内調整は難しくなります。当社は「この市場は伸びるはずだ。だからそこでシェアをとれればモノになるかもしれない」という市場の可能性をもとにして意思決定しますね。儲かるか儲からないかなんて誰にもわからないので、とりあえず市場を見て、何かありそうだったらヤマを張る。それで「1年間」とか「1億円」などの上限つきでやってみて、うまくいかなければ撤退っていうパターンは結構あります。

手計：目先の利益にばかり目が向いて、市場に対するシェアや成長性を見逃しちゃうともったいないですよね。そもそも、儲かるかどうかの100％の検証は不可能ですもんね。

曽山：未来のことですからね。でも、こういうざっくりした決断は若い人にはなかなかできませんから、そこは経営が率先垂範して決断すべきでしょうね。僕は、新規事業の成功のポイントは「経営の率先垂範」にあると思っています。

新規事業独自の評価方法

——人材の評価について伺います。新規事業は、すぐには成果が出ないので、成果だけで人を評価するのは難しいと思われます。会社として、新規事業を担当する人材に対して評価制度を変える、あるいは、報酬で還元する仕組みをつくるなど、評価に関して何か取り組みをされていますか？

手計：まさにおっしゃるとおり、当社の場合は新しい素材をお客様の製品に採用していただくまでに、自動車だったら5年、飛行機だったら10年とか、モノによっては結構な時間がかかるんですよね。だから、自分がその仕事に携わっているうちに花が咲かない新規事業開拓は結構あると思います。

　そういう場合には、例えば年間ごとに個人の目標管理シートをつくって、10年かかるとしたら最初の1年は認定をとる、2年目にはサンプリング評価してもらう、といった形で細かく目標を決めています。1年ごとのあるべき状態を個々人の目標管理ベースに落とし込み、上司や会社にコミットし、それが達成できたかどうかで評価や報酬が決まるという形をとっています。ゴールをぼやけさせないようにすることでモチベーションを維持しているんです。

——上司の役割がとても大きいんですね。

手計：そうですね。長い道のりの中で「今の時点でどうあるべきか」を可視化し、さらに部下やチームとの共通理解の中で描き切る力というのは、マネジャーに求められると思います。

──サイバーエージェントではどうですか？

曽山：僕らの場合、例えば新規事業を担当する子会社社長に対しては、自分の評価や給与もまず本人たちに考えさせるんです。若い人が多いですから、もちろん役員が相談に乗ることはありますが、なるべく本人たちに自己評価をさせ、給与決定も本人たちに考えさせることで、その事業と成果とをちゃんと連動して考えられるようにしています。

──自分ごととして責任感を持ちつつ、俯瞰的に事業をとらえる目が養われそうですね。

　今日のお話は、共通するところが多々ありつつ、事業や規模、風土の違いによるさまざまなコントラストも見えてきて面白かったです。本日はお忙しい中、インタビューに参加していただき、ありがとうございました。

手計仁志さん　中原淳　田中聡　曽山哲人さん

おわりに

「事業を創る」というリアリティ

「ファーストペンギン」という言葉をご存じでしょうか。

　ファーストペンギンとは、集団で行動するペンギンの群れの中から、天敵に襲われるかもしれない危険を顧みず、エサを求めて大海原へ最初に飛びこむ1羽の勇敢なペンギンのことを言います。ペンギンの群れには、ある特定のボスやリーダーはいません。群れになんらかの危険が迫った場合に、いち早く察知して行動する最初の1羽に従うのが、彼らの集団行動の原則です。

　転じて、その"最初の1羽"のように、リスクをとって新たな市場に挑む創る人を、スタートアップや新規事業界隈では敬意を込めて「ファーストペンギン」と呼ぶことがあります。

　しかし、この話には裏話があります。
　ある動物学者によると、ファーストペンギンの多くは、どうやらあとに続く仲間に押されて「**飛び込まざるを得なくなったペンギン**」らしいのです。はじめてこの話を聞いたとき、これこそまさに創る人の姿だと思いました。これまで私たちがお会いしてきた新規事業担当者の多くは、まさに「飛び込まざるを得なくなった」人たちだったからです。

・花形事業で出世街道まっしぐらだったはず（?）なのに、突然、偉い
　人に呼び出されて、新規事業を立ち上げることになってしまった人
・新規事業の批判をしていたら、「そんなに言うなら、お前がやってみ

ろ」と新規事業を任されてしまった人
・突然、新規事業担当者が辞めてしまい、急遽、白羽の矢が立ってしまった人

　高邁な理念と大義を掲げ、志高く、積極果敢に新規事業に挑む「勇敢なイノベーター像」とは必ずしも重ならないその姿こそ、本書が綴ってきた創る人の実像なのです。

　彼らが身を置く環境は、「**理不尽**」の一言に尽きます。
　既存事業部門では当たり前のように活用できている社内の情報にすら、まともにアクセスできない不自由さ。古巣の仲間からは後ろ指をさされ、経営陣からはダメ出しを浴び続ける日々。昨日の"Go"が今日の"No Go"に変わる上司に、「別にどっちでも」が口癖のやる気がない部下。

　誰の言葉を信じていいのかわからず、時に人間不信に陥りながらも、強烈な痛みと想像を絶する苦難の連続の中で悩み、もがき、苦しみ、ようやく見つけ出した自分なりの答えを信じて、それを「正解」にするために無我夢中で走り続ける……。
　そんな創る人の生き抜く様に、私は研究者として惹かれました。

　私の専門は「働く人と組織の学びと成長」です。働く人が仕事や組織との関わりを通じて、どのように学び、成長していくのか、というのが私の中にある一貫した問題意識です。
　そんな私が「事業を創る人」を研究対象として着目した理由のひとつは、**新規事業に特有の「痛みと葛藤」に満ちた強烈な経験の中にこそ、働く大人が学び・成長する源泉がある**、ということを私自身、現場での実務経験を通じて実感していたからです。

　私自身も民間企業に新卒で入社して5年目の秋に、シンクタンク組織の立ち上げに参画するという機会に恵まれました。専任メンバーは私を含めて2名という体制の中、そもそも何を目的に、どういう活動をするかを定めるところからゼロベースで考え、意思決定し、具現化するという一連の新規事業に取り組んできた過去があります。私の所属する会社では、新規事業の実績が比較的豊富で、社内の理解も得られやすい環境にありましたが、それでも社内でまったく新しい事業を創るという過程で、多くの「痛みと葛藤」に苛まれ、苦しみながらもなんとか自分を保ち、歩んできたという過去があります。今でも当時の苦い思い出を思い返すことがありますが、その経験が今の自分を支える原体験となっていることは言うまでもありません。

創る人との関わりを見つめ直す

「働き方改革」が叫ばれる昨今、「組織より個人の時代」という風潮が日本社会のコンセンサスになり、ありのままの自分で仕事もプライベートもスマートに、という働き方が望ましいとされる時代になりました。

　そんな"バランス"が求められる時代にあって、組織（事業）のために自己を犠牲にしてまで、がむしゃらに疾走する創る人の働き方は、少々暑苦しく、また時代錯誤に映るのかもしれません。

　ですが、これが事業を創るということのリアルなのです。私自身の実体験からも、人が成長し、何かを成し遂げるためには、一時的に「バランスを失うような働き方」を伴うという事実を否定し得ません。

　もちろん、現在の働き方改革の方向性に対して一切の異論はありません。ただし、働き方改革という御旗のもと、新規事業に伴う一時的な「痛みと葛藤に満ちた"バランスを失う"働き方」までもが否定され、受け入れられない社会になってしまうとすれば、創る人はさらに行き場を失

ってしまうのではないかという危機感を一方で禁じ得ません。

　おそらく今後、限られた時間の中で生産性を最大化するという経営の方針と、事業を創るプロセスに伴う「一時的にバランスを失うような働き方」をいかに両立させていくのか、ということが人事的な課題になってくるでしょう。そこで求められるのは、本書で見てきたように、新規事業を任せて終わりとする従来の発想から、事業を創る経験を通じた育成の効果を最大化しようという発想への転換です。そして、そのためには、**創る人に「よき理解者とよき支え」の存在が必要になります。**

　ここに、私が「事業を創る人」を研究対象に着目したもうひとつの理由があります。残念ながら、現状において創る人を育てる環境や支える仕組みを用意できている企業はごくわずかにとどまっており、多くの企業で手つかずな状況なのが実情です。

　私たちがこれまでお会いした新規事業担当者の中にも「孤独さ」を吐露される方は少なくありませんでした。人は、誰かに見られ、指摘され、勇気づけられながら、少しずつ成長していく生き物です。**新規事業という未開の大海原に放り込まれ、必要な協力も得られず、明確な指摘もないまま成果だけで評価されるという環境の中で、一体、誰が成長し、新たな事業を成し遂げられるというのでしょうか。**

　本書のコンセプトは、"人と組織の観点から語る新規事業創造論"です。『「事業を創る人」の大研究』と銘打っていますが、**創る人の実情を確認することによって、彼らに対するこれまでの関わり方を見つめ直すきっかけにしていただきたい、**というのが本書に込められた筆者らの願いです。

「事業を創る人」の未来に向けて

　私自身は、本書を皮切りに、これから「事業を創る人」に関する研究と実践をさらに加速していきたいと思います。

　未来の創る人を増やしていくために、高等教育機関での教育実践はいかにあるべきなのか。さらに、新規事業を経験した人がその経験を生かして経営人材へと成長していくために、会社がこれから取り組むべきアクションとは何か。

　本書の冒頭でもお伝えしたように、「事業を創る人」に関する実証的研究はまだ圧倒的に不足しており、今後の研究蓄積が待たれるところです。

　今後は、「事業を創る人」に関する研究と実践の地平を開き、それを社会に届けるためにも、継続的な研究活動に加えて、同テーマに関するワークショップやコンサルティングなど、現場の課題解決に向けた実践にも精力的に取り組んでいく予定です。

　最後に、多くの方々の支えがあってようやく刊行の日を迎えることができました。本書を執筆するにあたり、お世話になった多くの方々に対して御礼の言葉を添えて、本書を閉じたいと思います。

　まず、本書のベースになった調査研究にご協力いただいた各社の新規事業関係者の皆さまに心より御礼を申し上げます。研究の途上で幾度となくくじけそうになった自分を奮い立たせてくれたのは、皆さまの新規事業に対する情熱に他なりません。また、調査の一部をご支援いただいた公益財団法人電通育英会の皆さまにも心より感謝をいたします。皆さまのご厚意がなければ、私たちの研究は成立していません。本当にありがとうございました。

また、本書を世に送り出してくださるクロスメディア・パブリッシングの皆さま。特に、編集者の伊賀倫子さんをはじめ、同社代表取締役の小早川幸一郎さん、構成をご担当いただいた戸床奈津美さんには心より感謝いたします。「面白い研究なのですから、世に広めるべきです」という伊賀さんの心強い言葉には何度も救われました。

　本書の共著者でもある指導教員・中原淳先生にも深く感謝いたします。中原先生がいなければ、私が研究の道を志すことはありませんでした。研究職への異動と大学院への進学。私の進路を分けた2つの分岐点には、常に中原先生の存在がありました。これまで多くの学恩を賜りましたが、特に「宛先のある研究をすることの意義」を、先生自身の実践から学べたことは私にとってかけがえのない財産です。

　また、研究室同期の浜屋祐子さんをはじめとする中原研究室の皆さん。特に、中澤明子さん、島田徳子さん、舘野泰一さん、脇本健弘さん、木村充さん、関根雅泰さん、保田江美さん、伊勢坊綾さん、吉村春美さん、高崎美佐さん、斎藤光弘さん、辻和洋さんに感謝を申し上げます。「チーム・中原研究室」の一員として、皆さんと学び合えたことは私の誇りです。

　職場の上司である渋谷和久さん、櫻井功さん、そして、シンクタンク部門への異動を導いてくださった美濃啓貴さんをはじめとする会社関係者の皆さまにも深く御礼を申し上げます。大学院へ入学して以来、「何があっても学業を言い訳にしない」と心に決めて会社の業務に励んできたつもりですが、私の不徳の致すところも多く、皆さまに多大なご迷惑をおかけしました。皆さまのご理解と温かいサポートに深く感謝します。

　最後に、妻の絵里奈と子の葉奈・律にも日頃の感謝を伝えたいと思います。大学院への進学が決まった約2週間後に、我が家は第一子を授か

りました。父親のサポートを最も必要とする時に大学院と会社を優先し、家族の支えになれなかったことを今でも心苦しく思っています。それでも、私の夢に理解を示し、辛抱強く応援してくれた妻には感謝の気持ちでいっぱいです。また、研究が思うように進捗せず、不安と焦りに悩まされていたとき、私の心に灯をともしてくれたのは子どもたちの無垢な笑顔でした。無事に刊行の日を迎えることができたのは、家族の支えに他なりません。いつもありがとう。

　ここにはお名前を載せられなかった方を含め、これまで支えてくださった全ての方々に深く御礼申し上げます。本当にありがとうございました。

　　2017年12月25日　クリスマス

田　中　　聡

新規事業は「人を育てる」

——創る人の成長プロセス

　これからジレンマに直面するであろう創る人、創る人を支える上司や経営層に向けて特別付録を用意しました。

　第4章でお伝えしたように、創る人は新規事業を創るという経験の中で4つのジレンマを抱えることになります。ジレンマと向かい合い、葛藤しながら乗り越える過程は、創る人にとって学びの多い大きな成長のプロセスになります。

　この成長プロセスには「他責思考期」「現実受容期」「反省的思考期」「視座変容期」という4つのステージの変化が見られます。経営者の視点を身につけるまでには、それぞれのステージで学びのポイントがあり、それを得ることで心境や考え、新規事業に対する姿勢が変化して次のステージに上がっていくことができます。

　ここでは、実際に新規事業を経験した中堅管理職層15名の創る人を対象にした定性的調査から明らかになった成長の軌跡をご覧いただきたいと思います[77]。

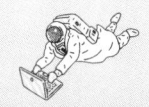

77）さらに詳しい内容をお知りになりたい方は以下の論文をご参照ください。
　　田中聡・中原淳（2017）「新規事業創出経験を通じた中堅管理職の学習に関する実証的研究」『経営行動科学』30(1)，13-29.

【創る人の成長プロセス】

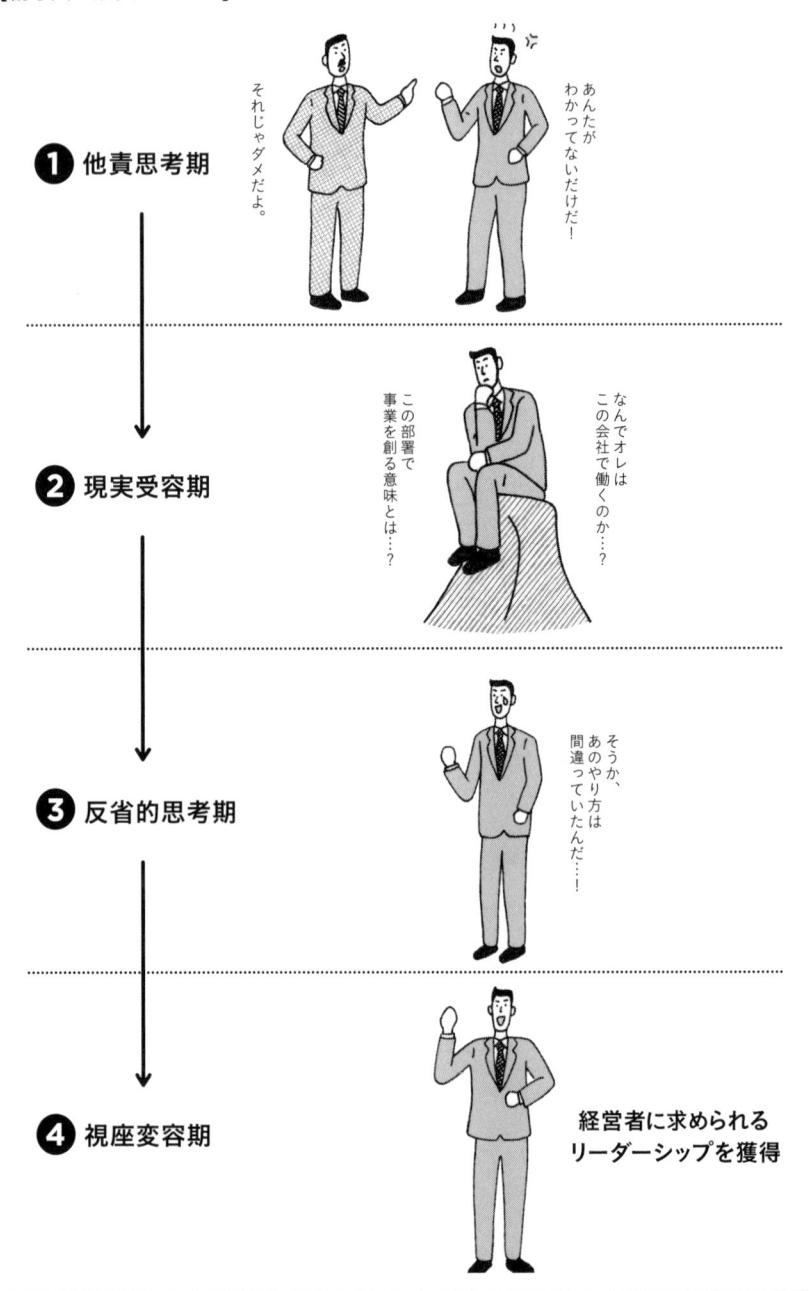

❶ 他責思考期

それじゃダメだよ。

あんたがわかってないだけだ！

❷ 現実受容期

この部署で事業を創る意味とは…？

なんでオレはこの会社で働くのか…？

❸ 反省的思考期

そうか、あのやり方は間違っていたんだ…！

❹ 視座変容期

経営者に求められる
リーダーシップを獲得

❶他責思考期

新規事業を立ち上げる初期段階でまず見られるのが、他責思考な心理状態です。他責思考とは、責任の所在を他者に向けた思考・態度のこと。上司などからダメ出しや意見を却下されることに腹を立て、「わかっていないあいつが悪い」など相手のせいにする考えや感情から抜け出せず、問題も解決できないジレンマを悶々と抱え込む時期です。

他責思考の強化

「当時は上司に対してすぐ反論していました。実際に口に出さないまでも、上司の意見に対して『それは違う！』と否定的に思うことが多かったです」（対象者C）

「自分たちの意見が却下されると『いや、あなたがわかってないだけです。もういいですよ、自分たちでやりますよ』とちょっとキレてしまったり」（対象者H）

　提案した新規事業案に対するダメ出しなど、否定的経験を多く受ける初期段階では、自分の意見が受け入れられない原因を相手の理解力不足にする他責思考が強く表れます。既存事業部門で活躍していた人ならば否定される経験も少なく、理不尽さを感じて感情的に抵抗しがちです。

❷ 現実受容期

現状に対する不満で視野が狭窄している状態が続いても発展は見込めません。そのため、次第に心境の変化が見られ、より視野を広げて新規事業や自分の立場を考えるようになります。「そもそも、なぜ自分が新規事業を創るのか」という働く理由、事業の価値を考え直し、やがて鳥瞰的視点での現状認識を持ち、現実を受け入れるようになります。

働く理由の探索

「(事業創出の経験は) 自分は何のために働いているのか、この仕事を通じて自分は何を成し遂げたいのか、といったことに対してあらためて向き合うことができ、すごくいい経験になったなと思っています」(対象者O)

他責思考の時期が続く中、少しずつ冷静になり、自分や新規事業が置かれている状況を客観的に受け止めようと我に返ります。そして「そもそも、なぜ自分は新規事業を創るのか」という原点に立ち返るようになります。このとき、一個人として働く目的や動機をあらためて問い直す**働く目的の振り返り**と、新規事業に関わる自分なりの理由をあらためて問い直す**新規事業を担う個人的な理由の再認識**がされるようになります。

このような新規事業に対する個人的な意味や理由は、必ずしも前から持っていたものではありません。「なぜ、新規事業をやるの?」と周囲から問われたり、新規事業という困難な局面の中で自問自答したりする中で、いわば後づけのような形で生まれることがほとんどです。

事業価値の探索

「(新規事業から)一番学んで変わったのは、成功するかどうかを決めるのは『お客さんの価値とは何か』ということを真剣に考えているかどうかの差なんだろうなと気づいたことですね」(対象者L)

自分自身に向けられた問いとは異なり、ここでは事業の目的や意義について考えるようになります。「この事業にはどんな価値があるのか？」と、新規事業の存在意義を問い直すようになるのです。事業とは顧客にとってどういう価値を提供するものか、というビジネスの原点に立ち返る思考プロセスがこの段階の特徴です。

鳥瞰的視点での現状認識

「孤立感は今でもありますね。結構つらいです。でも、○○さん（社外の人）からいろいろアドバイスをもらって『いつでも話聞いてあげるよ』と言われたのは、すごくありがたかったですね。社内じゃ皆、頭が固くて相談できないし、相談するなら社外の人のほうがいいんですよ」（対象者O）

「奥さんが『たとえ失敗してもなんとか食べていけるから大丈夫よ』と励ましてくれて、それで助かりましたよ、気分的に」（対象者J）

　働く理由と事業価値に対して自分なりの答えを見いだせるようになると、創る人は「なぜ自分がこの新規事業をするのか」という問いに対しても躊躇することなく自然と答えられるようになります。自分なりの座標軸を持つようになり、心の余裕ができ始めるこの段階では、不遇な状況を嘆くばかりでなく、周囲からのサポートを冷静に受け止めることができるようになります。新規事業に対して真剣に考えている上司や、手助けや支えになってくれる存在が周囲にいると**他者からの支援に対する自覚**も芽生えます。そして、上司や家族など他者からの支えを実感することで孤立感から解放されるようになります。

「どうやらこれは、自分が頑張れば済む話ではないし、上司やメンバーが変われば済む話でもなく、組織の大きさとか構造的な問題とか、プロセスとか時間の使い方とか、いろいろな問題が入り混じっているなと気づきました。関係者は一人ひとり皆いい人だし、否定的な意見を言ってきた人も普段話していることにはすごく納得感があるんです。なのに、なんでこんなにうまくいかないのかというと、結局、政治的な問題とかそういうのもあったし、"この人が悪い"というよりは"構造が悪い"のかなと」（対象者F）

見通しの立たない新規事業を担い、暗闇を切り拓く不安感や孤立感の解消には他者との関わりが強く影響します。正解のない新規事業だからこそ、ノイズになってしまうアドバイスよりも、振り返りを促す支援のほうが効果的で「自分は独りじゃないんだ」と前向きな感覚を持てるようになるのです。すると、心情的には納得できない状況を客観的に受け止めようとする**不条理な状況に対する客観的な認識**が起こります。

物事を冷静に俯瞰的に見えるようになることが振り返りのプロセスでは重要です。相手の視点に立つなど、視点を変えることが不条理な現実を理性的に受け止めようとする姿勢につながります。

❸反省的思考期

孤立感が消え、他者からの支援を感じられると不条理な現実を自分の問題としてとらえるようになる「反省的思考期」に入ります。他責思考とは反対に自責思考が生まれます。自己本位だったことを反省し、やがてリーダーとして自分には何が不十分であるかを自問するように変化していきます。

自責思考の獲得

「『もっと自分はできるんじゃないか』という幻想のような気持ちがあって、『なんでもやってみよう』と思っていざ挑戦してみたら、意外とできないことがたくさんあって。もう、自分で見ても恥ずかしいぐらいのクオリティのものもたくさんあったりして」(対象者F)

　他者からの助言を冷静に受け止めることができるようになると、**失敗原因の自分ごと化**が起こります。周囲から受けた批判や事業失敗の原因を自分の中に見いだそうとします。「全て自分の問題だ」というよりも「自分にも原因があるんじゃないか?」と折り合いのつけ方を学ぶようになります。この振り返りによって、事業創出に関する自分自身の知識・スキルの不足を認める**能力不足に対する自己認知**が起こります。

自己本位志向の反省的思考

「もしかしたら周りをあんまり信頼できていなかったのかもしれないです。僕の信頼度が足りなかった。皆にきちんと協力を仰いでいくということをしないで、一人でずっと悩んで考えこんだりしていました。そうじゃなくて、チーム力を生かさないといけなかったんだというところは、大きな反省点ですね」(対象者E)

　初期で見られた他責思考期での振る舞いに対し、身勝手だったと**独善的なマネジメントに対する批判的省察**がされるようになります。新規事業が前進しない現状に

対し、責任者である自分にも何かしら問題があるという自責思考から反省が生まれます。やがて、既存事業に対するトップダウン的な言動を批判的に省みる**既存事業への高圧的態度に対する批判的省察**もされるようになり、新規事業の論理を振りかざしても組織の理解は得られないと自己反省するようになります。そして、上層部への身勝手な提案活動を反省する**経営・上司への自分勝手な提案に対する批判的省察**まで至ります。

フォロワーマインドの反省的思考

「仕事に対する考え方、取り組み方というのが（既存事業から新規事業に異動して）がらっと変わりましたね。それまでは、与えられたパイで自分のラインだけをとにかくカバーして儲かればいいだろうと思っていた。でも、そうじゃないんですよね」（対象者J）

　自責思考は「自分が受け身の態度で物事に臨んでいなかったか」というフォロワーマインドに対する反省にも向かいます。まず、**信念の欠如に対する批判的省察**がされます。新規事業を自分本位志向で進めながらも、自分自身の強い動機や意志とは結びついていない問題がしばしば起こりえます。強い意志や信念を持たずして乗り越えられるほど、新規事業は甘くありません。新規事業を撤退せざるを得なかった辛い経験を振り返り、これまでの既存事業での仕事の仕方には「本気度」「信念」「情熱」「志」といった強い思いが足りなかったと考えるようになります。

　続いて、与えられた課題を解決することに終始するマインドセットだったということを反省する**受動的なマインドセットの批判的省察**が生じます。目的や課題が明確な既存事業とは異なり、自分で課題を設定し、自ら出した答えをその後の行動によって正解にしていく、という新規事業特有の考え方に切り替える重要性をここで学ぶことになります。

❹ 視座変容期

> 孤立感から抜け出し、他責思考から自責思考になったことで、新規事業に対する視点が「一社員（管理職）の視点」から「経営リーダーの視点」へと変わるのが最後の「視座変容期」です。ここで、他者本位志向になり、リーダーマインドを持つことが経営者視点の獲得となります。

他者本位志向の獲得

「顧客の価値という視点で考えると、結局は（既存事業も新規事業も）同じなんですよね。今のトップの人たちが昔から創りあげてきたものも、自分が今創ろうとしているものも、もともと求めていたものは顧客の価値であって、その価値をさまざまな環境変化に対応しながらより高めていこうという方針は変わりない。そのことをしっかり共有できれば、誰も否定できないですよね」（対象者L）

「いわゆる "裏組織図" みたいなものがあるんですよね。誰と誰の賛同を得ていればいいのか、メールならCCに誰を入れるべきか、もしくはメールより電話が先か、とか。そういうことの能力は、すごく上がりましたね」（対象者G）

　他責思考から現実を受け、自責思考を獲得して自分を省みるようになったのちにやってくるのが**他者本位志向の獲得**です。すると "共通善" を訴求するなど、**ステイクホルダーを巻き込む実践知の獲得**も起こります。これまで互いに独りよがりに「自分が正しくて相手が間違っている」と衝突していた認識が「自分にも相手にもメリットがある」という "共通善" を模索し、協力を促す訴えの重要性をここで学びます。

　さらに、会社を動かす上での暗黙的な力学を知り、キーマンとの関係性を強める**組織力学を動かす実践知の獲得**へ向かい、公の組織図にとらわれない政治的能力がここで備わります。他者本位志向を身につけることで、会社全体という枠組みに目

が向くようになると、既存事業に対しても"ありがたみ"を痛感するようになります。つまり、これまで当然視していた既存事業の社会的な意義を再認識する**既存事業に対する肯定的な見方の獲得**に至ります。そこから学びを得るというのも重要です。

「目を開かされたのは、既存事業のすごさです。誰かが切り拓いてここまで大きくなって安定しているということの価値をすごく感じるようになって。それだけのものを立ち上げた人が最初にいるんですよね。それに気づくと、今は既存事業だったものも昔は新規事業だったんだから全否定するんじゃなくて『既存事業がどう成長してきたのか』ということをちゃんと学ぶ必要があると思うようになりました」（対象者F）

また、管理型のマネジメントを行なっていた管理職が、メンバーを信頼し、それぞれの強みを引き出すマネジメントへシフトするようになる**メンバーの自主性を引き出すマネジメント観の獲得**もこの段階です。

「最初はこちら側でアイデアを持っているんですが、部下と一緒に考えて進めていくうちに、ちょっとずつ部下が自ら考えて創っていったかのように意識を移していくんです。自分が先導してやっているんだ、と思わせていく」（対象者M）

自分のモノサシに相手を当てはめようとする発想から、メンバーそれぞれの持っている強みを最大限に生かして新規事業を前に進めようという発想へ変わろうとしています。新規事業という多彩なメンバーをマネジメントする立場においては、特にこの発想は必要不可欠です。

リーダーマインドの獲得

「まさに『うまくいくかは最後は自分次第』ということを、新規事業で学びましたね。今実現していないものを最後まで成し遂げることには『それをやりたい』という志以外に担保できるものがないと。新規事業にはいくらでもやめる理由に正当性がありますからいつでもやめられます。だからこそ、結局は『とにかくやり抜きたいんだ』という強い志を持つ人がいろいろな課題を越えていかない限りはうまくいかないんだ、というのは本当に感じることです」（対象者H）

　リーダーマインドを醸成する、個人的な思いを起点に新規事業をリードすることの重要性を認識する**志を軸にしたリーダー観の獲得**のプロセスに入ります。「志」「信念」「人間らしさ」といったものは非論理的です。しかし、そもそも始める前から新規事業の成功・失敗を論理的に説明できない以上、新規事業には非論理的な部分が常につきまといます。例えば、社内で否定的だったものでも、外部の取引先の権力者が「これ、いいね」と言うと手のひらを返したように一気に通る「**著名効果**」もそのひとつです。

　経営層を説得するには論理的に、部下のモチベーションを引き出すには情緒的に、そして、既存事業部門を巻き込むには志を説いて感情に訴えかけつつ、現実的な便益も提示する。創る人は"二枚舌"を巧みに駆使することが求められます。リーダーは迷いを捨て突き進むようになり、失敗を当たり前のものとする**失敗を恐れないマインドセット**を持つようになります。失敗を恐れなくなるのは、失敗観が変容している学習プロセスともとらえられます。

　「もう、失敗して当たり前だという前提で動いています。わからないことだらけですけど、わからないのは当たり前なので、逆に言うと、常に手を動かすというか、行動しないことにはわからないことは解消しないんだと思って。もう、一歩でも二歩でもいいから、常に何としても前に進むんだ、と」（対象者F）

　やがて、さまざまな葛藤を乗り越え、新規事業に全力を注ぐ態度になる**腹をくくる態度の獲得**により、いよいよ退路を断って覚悟を決めるプロセスに入ります。

　「もしこの事業がだめであっても、会社をクビになってしまうとしても、皆生きていけるな、という状態を確認し合った」（対象者J）
　「これが認められなかったら、会社を辞めようと思ってました。この会社でやることを諦めなければならないくらいなら、違う会社でやるとか、自分たちだけでやるほうが後悔しないな、と思ったんです」（対象者N）

非常に興味深いことに、今回調査した新規事業担当者の対象者の多くが、「最終的にクビになってもいいと思った」と口にしています。「どこに行っても食べていける」という自信に変わっていくと、会社でのポストにとらわれることなく、思い切ったチャレンジができるようになります。出世意欲や既存事業での過去の栄光に対する見栄や保身から解放され、目の前の新規事業に全力で臨む態度になっている状態とも言えます。

経営者視点の獲得

「小さくても事業全体を見るということになる。そこが(既存事業と新規事業の)一番の違いだね。やっぱり、営業組織の営業部長は、責任を持っているのは営業だけなんですよ。それが、小さくても自分の采配でがらっと事業の方向性が変わるというシチュエーションに立たされることは、将来的に経営者になる、みたいなことにはつながると思います」(対象者K)

こうして他者本位志向とリーダーマインドを獲得し、社員（管理職）の視点から経営職の視点へと視座が変化する**経営者視点の獲得**が成されるのです。事業の運営に関わる全てのことを自分で意思決定することで、経営者としての視点を獲得していきます。短期的な視点から中長期な視点、部門から全社など、思考する際の目線が一段階上がり、会社の将来を見据えて考え、動けるようになります。

これまで見てきたように、事業を創る経験を通じた成長プロセスとは、単に新しい知識やスキルを得た程度のものではなく、ビジネスパーソンから経営リーダーへと大きく成長を遂げるものであることがおわかりいただけたのではないでしょうか。

もちろん、支える人や育てる組織が不在では、「事業を創ること」と「人を育てること」はイコールにはなりません。「君に任せた」と丸投げし、その後の状況には無頓着のまま、創る人を孤独な状況に放置していては、成長プロセスが生じることはないでしょう。

　大事なことは、事業を創る経験の中に秘められた人材育成の可能性を潰さず、最大化させることです。そのためには、「人と組織」による不断の育成支援が必要になります。

　本書をきっかけに「事業を創るということが人と組織の未来を創る」という考えが少しでも世に広まり、「事業を創る人」が活躍できる社会になれば望外の喜びです。

【著者略歴】

田中聡（たなか・さとし）

1983年、山口県周南市生まれ。東京大学大学院学際情報学府博士課程（中原淳研究室）在籍。株式会社パーソル総合研究所主任研究員。立教大学経営学部兼任講師。一般社団法人経営学習研究所理事。東京大学大学院学際情報学府修士（学際情報学）。慶應義塾大学商学部を卒業後、株式会社インテリジェンス（現・パーソルキャリア株式会社）に入社。事業部門を経て、2010年に同グループ初のシンクタンク組織である株式会社インテリジェンスHITO総合研究所（現・株式会社パーソル総合研究所）設立に参画。専門は、人的資源開発論・経営学習論。主な研究テーマは、新規事業担当者の人材マネジメント、次世代経営人材の育成とキャリア、ミドル・シニアの人材マネジメントなど。主な論文に「新規事業創出経験を通じた中堅管理職の学習に関する実証的研究」（『経営行動科学』Vol.30 No.1）など。

中原淳（なかはら・じゅん）

1975年、北海道旭川市生まれ。東京大学 大学総合教育研究センター准教授。大阪大学博士（人間科学）。東京大学教育学部卒業後、大阪大学大学院人間科学研究科、メディア教育開発センター（現・放送大学）、米国・マサチューセッツ工科大学客員研究員等を経て、2006年より現職。「大人の学びを科学する」をテーマに、企業・組織における人材開発・組織開発・リーダーシップ開発について研究している。専門は人的資源開発論・経営学習論。著書に『職場学習論』『経営学習論』（以上、東京大学出版会）、『研修開発入門』（ダイヤモンド社）、『フィードバック入門』（PHP研究所）など、共著に『アルバイト・パート採用・育成入門』『企業内人材育成入門』（以上、ダイヤモンド社）など多数。

「事業を創る人」の大研究

2018年 2月 1日 初版発行
2018年 2月20日 第2刷発行

発行 株式会社クロスメディア・パブリッシング

発行者 小早川 幸一郎

〒151-0051 東京都渋谷区千駄ヶ谷4-20-3 東栄神宮外苑ビル
http://www.cm-publishing.co.jp

■本の内容に関するお問い合わせ先 …………………… TEL (03)5413-3140 ／ FAX (03)5413-3141

発売 株式会社インプレス

〒101-0051 東京都千代田区神田神保町一丁目105番地

■乱丁本・落丁本などのお問い合わせ先 ………… TEL (03)6837-5016 ／ FAX (03)6837-5023
service@impress.co.jp
（受付時間 10:00〜12:00、13:00〜17:00 土日・祝日を除く）
※古書店で購入されたものについてはお取り替えできません

■書店／販売店のご注文窓口
株式会社インプレス 受注センター ………… TEL (048)449-8040 ／ FAX (048)449-8041
株式会社インプレス 出版営業部 ………………………………………… TEL (03)6837-4635

カバーデザイン 金澤浩二（cmD）
本文デザイン 安井智弘
図版 安賀裕子
印刷・製本 中央精版印刷株式会社
カバー・本文イラスト 中村隆
ISBN 978-4-295-40156-8 C2034